실전 다예

叶羽晴川 지음 | 장도연 옮김

한솜미디어

퓨지엔 안시 차밭전경

실전 **다예**

1쇄 찍음 / 2007년 7월 15일
1쇄 펴냄 / 2007년 7월 20일

지은이 / 叶 羽 晴 川
옮긴이 / 장 도 연
펴낸이 / 金 泰 奉
편 집 / 황은진, 김주영, 정종우, 김미란, 이준혁
영 업 / 박상필, 김명준
등 록 / 제5-213호
펴낸곳 / **한솜미디어**

주 소 / (우)143-200 서울시 광진구 구의동 243-22, 전화 / (02)454-0492, 팩시밀리 (02)454-0493
HomePage http://hansom.co.kr   E-mail hansom@hansom.co.kr
값 10,000원

ISBN 978-89-5959-113-8 03590
*잘못 만들어진 책은 구입하신 서점에서 친절하게 바꿔드립니다.

차를 즐기다

당나라 시인 노동(盧仝)의 『칠완차가(七碗茶歌)』에는 이렇게 쓰여 있다.

차를 일곱 잔 마시고 나니 "양 겨드랑이에 맑은 솔바람이 이는구나(唯覺兩腋習習淸風生)"라고 하였다.

이것이 바로 신선의 경지이며(此境幾欲仙) 세상사 속된 일들이 모두 사그라진다(世間俗事皆可拋).

일반적으로 열심히 차를 마시고 차를 잘 아는 사람들의 행동을 보고 "차를 음미한다"고 말한다. 마치 거기에 어떤 심오하고 현묘한 이치가 있는 것처럼….

다실에서 차를 마실 때 우아하고 침착하게 차를 따르는 팽주의 모습, 영롱하고 아름답게 빛나는 붉은 보이차(普洱茶), 비취 녹색의 녹차(綠茶), 춤추는 듯한 군산은침(君山銀針), 사람의 마음을 따뜻하게 하는 기문홍(祈門紅), 귀에 속삭이는 듯한 사죽(絲竹), 찻잔에 담긴 차, 부드러운 미소, 마음속으로 스며드는 듯한 차향 등 이러한 것들은 자신을 무아지경에 빠진 듯한 착각을 준다.

눈에 차가 있고(眼中有茶), 입속에 차가 있고(口中有茶), 마음속에 차가 있다(心中有茶).

"좋은 차를 가지고 있으면서(有好茶喝), 좋은 차를 마신다는 것은(會喝好茶), 유유자적한 삶을 즐기는 것이다(是 ·种淸福)."

이것은 노신(魯迅) 선생이 하신 감탄의 말이다. 사실 유유자적한 삶은 누구나 누릴 수 있는 것이고 또 누려야 할 행복이다. 왜냐하면 이러한 행복한 삶은 선조들이 우리에게 물려준 위대한 선물이기 때문이다.

현대인은 너무 바쁘게 지내는 탓인지 자신의 손에 쥐어진 차가 담긴 잔을 망각하고 차를 즐길 수 있는 행복을 잊고 산다. 누구나 오늘을 살면서 매일 피로를 느끼고 권태를 느낀다. 그럴 때 준비된 다실에서 차를 마시면서 생활을 즐길 수 있다. 그리고 시간적으로 여유가 있을 때 찻집에 가서 자신이 좋아하는 차를 사다가 물을 손수 끓이고 차를 우려서, 혼자서 아니면 가까운 친구 두세 명 정도 모여 차를 마시는 즐거움을 누릴 수 있다.

다예의 최종 목적은 차를 잘 끓여서 자신의 마음, 손, 눈, 입으로 차를 마시는 즐거움을 스스로 느끼는 것이다. 좋은 차를 선택하여 우려 마실 때 행복을 느끼는 것처럼 그 느낌이 중요하다. 그것을 평정하는 구체적인 척도가 있는 것은 아니지만 그러한 마음가짐이라 하겠다.

누구나 차인(茶人)이 되어 차를 열심히 마시고 그 맛을 음미하면 비로소 좋은 차를 우려낼 수 있으리라.

지은이 예위칭촨

차 례

제1장 찻잎에 대하여

찻잎의 분류 ·· 8

제조과정에서 발효정도에 따른 분류/ 11

제조 위조(萎凋) 정도에 따른 분류/ 14

차의 생산은 계절에 따라 분류/ 14

차의 형태에 따른 분류/ 16

제조과정에 따른 차의 분류/ 18

차의 향에 의한 분류/ 19

차나무에 따른 품종 분류/ 20

차의 선용 ·· 21

차를 마신다는 것/ 21

차의 선택/ 22

자신에게 알맞은 차 선택하기/ 23

차의 감별 ·· 24

동정(凍頂) 오룡차/ 27

문산(文山) 포종(包种)차/ 28

철관음(鐵觀音)/ 31

용정차(龍井茶)/ 32

화차(花茶)/ 35

차의 보존 ·· 36

차 변질의 원인/ 37

차 보존방법/ 38

차 보존의 주의사항/ 40

제2장 차호의 선택

자사 차호의 감별 ·· 42

조형미(造型美)/ 42

재질미(材質美)/ 45

실용미(實用美)/ 46

공예미(工藝美)/ 47

품위미(品位美)/ 50

다 예

자사 차호를 어떻게 선택할 것인가? ·············· 52

자연형(自然型)/ 53

원형(圓型)/ 54

방형(方型)/ 55

근교형(筋絞型)/ 56

차호의 실용성/ 57

차호의 종류/ 57

차호의 크기/ 58

현대적 품위의 차호 선택 ·············· 63

차호의 조형/ 64

차호의 모양/ 65

차호의 품질/ 71

어떻게 차호를 오래 보존할 것인가 ·············· 72

새로 구입한 차호의 관리/ 73

차호의 관리/ 74

차호의 수정/ 81

제3장 차 우리기

차 종류에 따라 차 우리기 ·············· 85

녹차 우리기(용정차의 예)/ 85

홍차(紅茶) 우리기(기문홍차의 예)/ 89

오룡차(烏龍茶) 우리기(철관음의 예)/ 95

흑차(黑茶) 우리기(보이차의 예)/103

유리 다기로 차 우리기 ·············· 111

유리잔에 우리기(오자선호의 예)/ 111

개완으로 우리기·1(화차의 예)/ 115

개완으로 우리기·2(오룡차의 예)/ 121

악파호(握把壺)로 우리기(홍차의 예)/ 126

제양호(提梁壺)로 우리기(홍차의 예)/ 132

소호(小壺)로 우리기(오룡차의 예)/ 136

지방의 특색 있는 차 우리기 ·············· 145

조주식(潮州式) 차 우리기/ 145

안계식(安溪式) 차 우리기/ 151

의흥식(宜興式) 차 우리기/ 155

조안식(詔安式) 차 우리기/ 161

제1장 찻잎에 대하여

　제조기술의 진보로 말미암아 현대 차의 품종도 다양해져서 꽤나 한다하는 전문가들도 좋은 차를 감별하기가 쉽지 않아졌다.

　본 장에서는 좋은 차를 감별하는 방법, 그리고 자신이 좋아하는 차를 선택할 수 있는 기본상식을 상세히 설명하려고 한다.

　당신이 차를 선택할 때 차를 맛보는 과정에서 이미 그 어떤 정취에 도취되어 버릴지도 모른다.

찻잎의 분류

차의 구분에 있어서 사람들의 의견이 분분하다. 중국의 차는 대개 "홍차와 녹차" 이 두 가지로 구분한다고 한다. 또 어떤 사람들은 홍차(紅茶), 녹차(綠茶), 오룡차(烏龍茶), 화차(花茶), 전차(磚茶), 타차(沱茶) 등 여섯 종류라고도 한다. 또 어떤 사람들은 오룡차 이외에도 암차(岩茶), 수선차(水仙茶)가 있고 청차(青茶)와 백차(白茶)도 있다고 한다.

아무튼 그들의 이러한 설명은 차 종류가 헤아릴 수 없이 다양하다는 것을 알 수 있다. 그러나 실제 과학적으로 분류하면 열 가지로 분류된다.

기문홍차(祁門紅茶)	오자선호(午子仙毫)
기문홍차 찻물색	오자선호 찻물색
기문홍차 엽저	오자선호 엽저

대엽오룡(大葉烏龍)   본산(本山)   철관음(鐵觀音)

보이병차(普洱餅茶)   보이 찻물색(普洱茶湯)   보이 엽저(普洱葉底)

毛蟹
모해(毛蟹)

黄金桂
황금계(黃金桂)

本山
본산(本山)

铁观音
철관음(鐵觀音)

大叶乌龙
대엽오룡(大葉烏龍)

五大品种比較
5대 품종 비교

제조과정에서 발효정도에 따른 분류

일반적으로 찻잎을 구분하는 데 있어 제조과정에서 발효 정도로 구분한다. 일반적으로 세 가지로 구분하는데 완전 발효, 반 발효, 전혀 발효하지 않은 것으로 구분한다.

홍차는 95% 발효된 것이고, 황차는 85%, 흑차는 80%, 오룡차는 60%~70%, 포종차는 30%~40%, 청차는 15%~20%, 백차는 10% 정도 발효된 것이다. 녹차는 발효되지 않은 것이다.

녹차는 발효차가 아니다. 품질특성은 "푸른 찻물과 푸른 찻잎이다(淸湯綠葉)". 중국에서 가장 많이 생산되는 차종으로 녹차의 기본 가공과정은 푸른 기운을 없애고, 덖고, 건조하는 이 세 가지 공정을 거쳐야 한다. 가공방법에 따라 차의 종류가 구분이 된다. 덖음차(炒靑綠茶), 신선한 잎을 쪄서 비빈 후에 불기운에 쬐어 말린 차(烘靑綠茶), 열 증기 살청 방식으로 제조되어 건조된 녹차(蒸靑綠茶)와 그리고 자연바람에 말린 녹차(曬靑綠茶) 등이다.

　오룡차는 반 발효차로 모양이 노르스름하고 푸른색도 띠고 있어 "청차(靑茶)"라고도 한다. 오룡차의 제조공정은 위조(萎凋), 주청(做靑), 초청(炒靑), 유념(揉捻), 건조(乾燥)로 나눈다.

· 위조 ― 오룡차를 생산하는 지역에서는 쇄청이라고도 한다. 위조공정을 통하여 수분과 풀 냄새가 줄어들고 차향이 발휘되기에 유리해진다. 위조와 함께 발효도 진행된다.
· 주청 ― 주청은 오룡차 특유의 품질형성에 큰 영향을 미치는 중요한 공정이다. 위조를 마친 후에 찻잎을 요청기에 넣고 간헐적으로 흔들어 일련의 생물화학적인 변화를 유도한다.
· 초청(덖기) ― 진행되는 산화를 중지시키고 차향을 진하게 만드는 공정이다.
· 유념(비비기) ― 차의 모양을 만들고 차 맛을 진하게 하는 공정이다.
· 건조 ― 효소에 의한 산화를 억제시키고 수분을 증발시키며 열의 작용으로 쓰고 떫은맛이 줄어들고 맛이 조화롭고 깊어진다.
찻잎은 발효과정에서 빨간색과 푸른색이 함께 나타난다. 발효정도에 따라서 그 향기가 다르고 독특하다.

홍차는 완전 발효차로 품질의 특성은 찻물도 빨갛고 엽저도 빨갛다(紅湯紅葉).
홍차는 특히 제조과정이 중요하다.
위조(찻잎을 실내 시원한 그늘에서 대나무 광주리에 얇게 펴서 넌다. 이어서 오후 4시 정도의 햇볕에 말리는데 너무 강하지 않은 햇볕이 좋다), 유념, 발효, 건조 과정을 거친다.
중국의 홍차는 소종홍차(小种紅茶), 꽁부홍차(工夫紅茶), 홍쇄차(紅碎茶) 등 세 가지로 구분한다.

제조 위조(萎凋) 정도에 따른 분류

차는 발효정도에 따라서 분류한다. 하지만 과학적인 시각으로 볼 때 정확한 것은 아니다. 이를테면 오룡차, 포종차, 청차 등은 제조과정에서 정식으로 발효과정을 거치지 않는다. 그러므로 반 발효차라고 불리는 것은 좀 모호한 면이 있다. 그래서 어떤 사람들은 위조(萎凋) 여부에 따라 차를 크게 두 가지로 분류해야 한다고 주장한다.

홍차(紅茶), 황차(黃茶), 흑차(黑茶), 청차(靑茶), 오룡차(烏龍茶), 포종차(包种茶), 백차(白茶) 등을 "위조차"라고 일컫고, 녹차(綠茶)는 "비 위조차"라는 주장이다.

차의 생산은 계절에 따라 분류

중국과 일본의 많은 차 생산지에서는 계절에 따라 차를 분류한다.

봄차(春茶) : 두방차 또는 두수차라고 한다. 청명으로부터 하지(3월 초순으로부터 5월 중순까지)에 거쳐서 생산되는 차를 일컫는다. 이때 생산되는 찻잎은 연하고 여려서 품질이 최고이다. 찻잎을 따는 기간은 약 20~40여 일인데 각 지역의 기후에 따라 차이가 있다.

하차(夏茶) : 이방차 또는 이수차라고도 한다. 생산 시기는 하지 전후(5월 중하순)이다. 이 차는 봄차를 딴 후 20~30일 후에 다시 돋아난 찻잎을 따서 생산한 차이다.

추차(秋茶) : 삼수차라고도 한다. 즉 하차를 딴 후 1개월 후에 딴 차로 생산된 차이다.

동차(冬茶) : 추분 이후에 딴 차로 생산된 차를 말한다. 중국 동남부 차산지에서는 별로 채취하지 않는다. 윈난(云南)과 타이완 등 기후가 비교적 따뜻한 지역에서 채취하고 있다. 이러한 것들을 제외하고 명전차라는 것이 있는데 청명전에 따는 차를 일컫고 우전차는 곡우 전에 따는 차이다. 6월백(六月白)은 제1차 하차를 딴 후 추차를 따기 전 음력 6월에 따는 차이고, 백로차(白露茶)는 백로 후에 딴 차이다. 상강차는 서리가 내린 후에 딴 차를 일컫는다.

차의 형태에 따른 분류

보통 찻잎은 형태에 따라서 분류하고, 차는 가공된 모양에 따라 분류하는데 산차(散茶), 부차(副茶), 전차(磚茶), 병차(餠茶), 속차(束茶) 등으로 나누고 있다. 산차(散茶, 또는 正茶)는 차의 외형에 따라 아래 몇 가지로 분류한다.

선상차(線狀茶, 홍차O.P.P, 녹차, 진미녹차), 심차(芯茶, 껍질을 벗긴 골풀차) 등 찻잎이 자잘한 차(홍차B.O.P, B.P, 침엽녹차, 침미차 등), 원차(圓茶, 홍차 차두(茶頭), 진주차(珠茶), 공희(貢熙), 하목(蝦目) 등]이다.

부차(副茶)에는 찻잎분말, 찻잎조각, 차 줄거리, 대엽종 찻잎 등이 있고, 전차(磚茶)에는 동전(峒磚), 미전(米磚), 소경전(小京磚), 경양전(涇暘磚) 등이 있고, 병차(餠茶)에는 보이차(普洱茶), 타차(沱茶)가 있다. 속차(束茶)에는 용수(龍須)차가 있다. 그리고 선상(線狀)차도 그 한 가지 종류이다.

원차(圓茶) : 철관음

쇄차(碎茶) : 기문홍차

조차(條茶) : 쟈스민차

속차(束茶) : 보이차

원차(圓茶) : 진주차(珠茶)

병차(餠茶) : 보이차

조차(條茶) : 오자선호
　　　　　(午子仙毫)

제조과정에 따른 차의 분류

제조과정에서 초벌로 완성되는 '모차(毛茶)'와 여러 차례의 공정을 거쳐 정제(精製)되는 '정차(精茶)'로 분류한다.

모차(毛茶) ― 비정제차로 제조과정에서 초벌로 완성되는 차를 말한다. 외관으로 볼 때 깔끔하지 못하다.

정차(精茶) ― 정제차로 여러 차례의 공정을 거친 차로 완제품 차라고도 불린다. 외관으로 봐도 정교하고 깔끔하다.

1차 제조한 찻잎의 외형은 비교적 거칠다. 보기에는 다 같아 보이지만 보통 1차 제조한 찻잎은 다시 가공에 들어가야 한다.

사진은 오룡차를 수공으로 뜯고 고르는 작업을 하고 있다.

차의 향에 의한 분류

차는 그 향에 따라서도 나눌 수 있다. 많은 차 중에서 녹차, 포종차, 홍차 등의 품종만이 향이 있고 기타 품종은 향이 없다. 화차는 차로서의 명칭 외에 꽃으로서의 명칭도 있다. 예를 들면 쟈스민으로 훈제된 포종차는 쟈스민차라고 불리고, 계화로 훈제된 차는 계화차라고 불린다.

수공예 화차

차나무에 따른 품종 분류

어떤 지역에서는 차나무에 따라서 품종을 분류한다.

예컨대, 아살모차(阿薩姆茶), 소엽종차(小葉種茶), 대엽종차(大葉種茶), 도인(桃仁), 수선(水仙), 철관음(鐵觀音) 등이다.

이러한 분류법은 실제로는 상업상은 물론이고 특수한 차 품종의 나무나 수선, 철관음 외에는 일반적으로 채용하지 않는다.

중엽(中葉) 종류의 차나무

철관음 채용 찻잎과 낫. 크기 비교.

차의 선용

차를 마신다는 것

차 마시는 것을 음식을 먹을 때 없어서는 안 될 정도로 중요시 여기는 사람이 있다. 마치 과일을 자주 먹는 것처럼 목이 말라서 차를 마시기도 한다. 이런 사람들은 차 마시는 것으로 물을 대신하는 습관이 있다. 그러므로 차는 우리들의 생활 속에서 없어서는 안 될 물질이다.

생활수준이 좋아짐에 따라 차 마시는 사람들이 갈수록 많아지고 있다. 그런가 하면 차를 마시는 환경과 분위기를 중요시하고 차를 우리는 것을 예술로 승화시키는 차인들도 점점 늘어나는 추세이다.

실제로 차는 우리들의 생활을 더욱더 다채롭고 풍요롭게 한다. 어떤 사람들은 차 마시는 것은 일종의 문화예술이라고 간주하면서 생활의 일부분으로 여긴다.

베이징의 한 찻집에서 - 왼쪽 남성은 본서의 지은이 예위칭촨(叶羽晴川).

차의 선택

기름진 음식을 먹은 후에는 맛이 좀 진한 차를 마신다. 강렬한 맛을 좋아하는 사람은 향이 좀 짙은 차를 마셔야 한다. 야채를 적게 먹는 사람들은 발효가 덜된 차, 아니면 발효가 되지 않은 차를 마시면 좋다.

지역적으로 북방 사람들은 화차를 좋아하고, 강서 저장성 일대의 사람들은 일반적으로 오룡차나 고급녹차를 즐겨 마신다. 윈난, 귀저우, 광둥, 푸지엔 사람들은 반 발효상태의 고급 포종차나 무이암차 혹은 보이차를 즐기고, 도시 사람들은 맛이 진하고 자극성이 강한 홍차를 마신다.

나이로 구분을 하자면 젊은 세대들은 건강미를 위하여 녹차나 포종차를, 연세가 지긋하신 분들은 오룡차나 좀 많이 덖은 차를 마신다.

자신에게 알맞은 차 선택하기

처음 차를 마시기 시작한 사람에게 가장 중요한 것은 직접 차를 우려보고 음미하는 것이다. 차는 종류에 따라 우리는 방법이 다르므로 찻집에서 몇 종류의 차를 조금씩 산다. 그래서 그 방법에 따라 차를 연구해 보겠다는 마음가짐으로 차를 우린 후 천천히 음미한다.

차를 마신 후 후각과 미각의 반응을 음미한다. 만약 입안에 상쾌한 감이 들고 향긋한 맛이 오래도록 지속되면 그 차가 자신에게 알맞은 것이다.

이렇게 각 종류의 차를 알맞은 온도와 여러 번 우리고 실험을 거듭한 후에야 비로소 차의 진정한 맛을 깨닫게 된다. 만약 당신의 방법이 틀리지 않았다면 자신에게 알맞은 차를 선택할 수 있을 것이다. 거듭 설명하지만 자신에게 알맞은 차를 선택하는 것은 매우 중요하다.

상품의 용정차

차의 감별

옛사람들이 마시는 차는 거의 순차(純茶)였다. 그래서 감별도 간단했다. 이를테면 당나라 육우가 《다경(茶經)》에서 "차는 양지쪽 벼랑이나 들에서 자생하는 것이 좋고, 밭에 가꾸어 자라는 것은 그 다음이며(野者上, 園者次), 자줏빛 도는 것이 상품이고, 초록빛 도는 것은 그 다음이며(紫者上, 綠者次), 죽순 모양이 상품이고, 떡 잎 같은 것은 그 다음이며(筍者上, 牙者次), 둥글게 말린 모양이 상품이고, 넓게 펴진 것은 그 다음이다(葉卷上, 葉舒次)"라고 설명했다. 그러나 현재는 제조기술의 발달로 차의 품종이 많아져서 감별이 쉽지 않아졌다. 그러나 속담에 "일회생(一回生) 이회숙(二回熟)"이라고 많이 관찰하고, 많이 맛보고, 많이 겪어보면 좋은 차를 구입할 수 있다. 다음은 차를 잘 감별하는 요령이다.

차 외관으로 감별 : 차는 각기 고유하고 일정한 표준모양이 있어서 많은 차들은 그 모양을 보고 등급을 나눈다. 감별의 주요 조건은 찻잎의 여린 정도이다. 잎이 여리지 못하고 큰 것은 잎이 연하고 정갈한 것보다 품질이 떨어진다. 그 외에 차의 줄기나 부스러기, 찌꺼기, 이물질이 섞여 있어도 안 된다. 예를 들면 홍차는 짧고 들쭉날쭉하지 않고 고르며 단단한 감을 주는 것이 상품이다. 다른 품종도 잎이 길고 가늘고 곱슬곱슬하게 말아 올라온 것이 양질의 차이다. 그러나 불수(佛手) 모양이거나 잎이 짧고 곱슬곱슬하게 말아 올라오지 못하고 차줄기까지 있는 제품은 하품이다.

차 색상으로 감별 : 차 색상이 윤택이 나고 신선한 감을 주면 그것은 좋은 차라고 할 수 있다. 각종 차는 모두 표준색상

이 있다. 이를테면 홍차는 짙은 갈색을 띤 윤택이 나는 차라면 상품이고, 녹차는 색상이 비취녹색을 띠어야 한다. 포종차는 회백색의 개구리무늬가 있고 짙은 녹색을 띠어야 상품이다. 오룡차는 선명한 홍, 황, 백색을 띠어야 좋은 차이고, 화차는 신선한 푸른 색상을 띠고 잎이 뾰족한 차가 상품이다. 색상이 탁하고 잡티가 있는 차는 하품으로 본다.

찻물의 표준색으로 감별 : 좋은 찻물색은 우려낸 후 맑고 투명하고 물빛(水色)을 띤다. 좋은 품종의 홍차 찻물은 식은 후 유화현상(乳化現象)이 나타난다. 우려낸 찻물은 호박색(琥珀色)이고 그 향기는 떫지 않고 달콤하다. 녹차의 찻물색은 암녹색이며 신선하고 상큼한 냄새가 코를 찌른다. 포종차의 찻물은 황금색이고 마신 후 과일향이 난다. 오룡차의 찻물은 우려낸 후 오렌지색으로 숙성된 과일향이 나는 것이 좋다. 만약 차를 끓였을 때 찻물색이 탁하고 마신 후 풀 냄새가 나고 떫으면 그것은 좋은 차가 아니다. 이것이 차를 감별하는 제일 좋은 방법이다.

차향으로 감별 : 제일 간편한 방법은 찻잎 한 줌을 손바닥 위에 올려놓고 입 가까이 냄새를 맡아본다. 목향(木香), 화향(花香), 봉밀향(蜂蜜香), 초당향(焦糖香) 등은 물론이고 냄새가 짙을수록 좋은 차이다. 만약 풀 냄새가 나면 그것은 좋은 차가 아니다.

차향보다 더 중요한 감별 : 차를 마실 때 약간 쓰고 떫고 달콤한 맛이 나면 그것은 좋은 차로 본다. 차를 마신 후 진하고 부드러운 맛이 나며 향기가 오랫동안 입 속에 남아 있으면 상품이고, 찻물이 탁하고 악취가 나면 안 좋은 차로 본다.

차 감별 — 찻잎 한 줌을 손바닥 위에 올려놓고 입 가까이 가져다 냄새를 맡아본다.

상등품의 동정(凍頂) 오룡차의 모양과 찻물색

동정(凍頂) 오룡차

참고 : 동정차는 송백(松柏) 오룡차와 비슷하다. 단지 그 맛이 좀 담담하고 향기가 비교적 뚜렷하다.

	상 등 품	저 급 품
모 양	동정차는 검은 녹색이 선명하고 청개구리처럼 반회색의 점이 있다. 찻잎 줄기는 굽어져있다. 말린 차는 강한 향이 치솟는다.	색은 누르스름하면서 흑갈색이다. 형태는 조잡하고 약간 굽어진 듯 아닌 듯하다. 말린 차는 향기가 약하다.
우린 후	찻물은 선명한 등황색이고 싱그러운 향기가 계화꽃 향기에 가깝다. 맛은 순정하고 깊은 맛이 난다. 뒷맛이 오래간다.	찻물색은 흐리고 누렇다. 찻물 맛은 단맛이 적고 좀 쓰고 떫다. 뒷맛이 오래가지 못하고 약하다.
엽 저	찻잎 가장자리는 붉은색이고 가운데 부분은 연한 녹색을 띠고 있다(발효가 적당하다).	찻잎 가장자리는 붉은색이 없고 부서져 있으며 암갈색이 많다.

문산(文山) 포종차(包种茶)

참고 : 명덕(明德)차, 동정차에 비해 문산 포종차는 향기가 짙다. 송백장청차(松柏長靑茶)보다는 향기가 약하다.

	상 등 품	저 급 품
모 양	윤기가 돌고 녹색이 짙고 청개구리처럼 반회색점이 있다. 형태는 좀 두텁고 줄기는 자연스럽게 굽어졌다. 말린 차는 향기롭고 달콤한 난 꽃향기가 난다.	윤기도 있고 녹색도 띠고 있지만 청개구리처럼 반회색 점이 없다. 형태는 짧고 부서져 있으며 줄기가 흐트러지고 말린 차는 향기가 약하다.
우린 후	찻물은 황금색이고 특히 향기가 뚜렷하고 우아한 꽃향기가 난다. 찻물의 맛은 자극성이 적고 순정하다. 상쾌하고 부드러운 맛이 난다. 뒷맛이 오래간다.	찻물이 탁하고 누렇다. 찻물의 향기는 뚜렷하지 못하고 뒷맛이 오래가지 못하고 약하다.
엽 저	찻잎은 아주 가지런하고 손색이 없고 색깔은 짙은 녹색이다.	찻잎이 끊어졌거나 부서진 것이 많으며 암녹색을 띠고 있다.

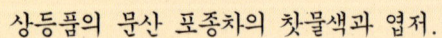

상등품의 문산 포종차의 찻물색과 엽저.

상등품의 문산 포종차.

상등품의 철관음과 찻물색.

저급품의 철관음과 찻물색.

상등품의 철관음 엽저.   저급품의 철관음 엽저.

철관음(鐵觀音)

	상 등 품	저 급 품
모 양	질은 갈색이고 윤기가 돌고 청개구리처럼 점을 가지고 있다. 형태는 좀 두텁고 줄기는 굽어진 동시에 반은 말아져 있다. 말린 차는 향기가 질다.	형태는 조잡하고 선형도 흩어져 있다. 줄기는 굽어진 듯 아닌 듯하다. 말린 차는 향기가 약하다.
우린 후	찻물은 질은 황색이고 순하고 깊은 맛이 있다. 약간은 떫으면서 단맛이 난다. 그리고 순한 과일향기가 난다. 향기가 깊고 뚜렷하며 뒷맛이 오래간다.	찻물색은 질은 황색에 가까우나 암황색과 붉은색도 들어 있다. 맛은 쓰고 떫으면서 약간은 시큼한 냄새가 나고 탄내도 난다. 자극성이 강하고 뒷맛이 약하다.
엽 저	찻잎의 가장자리는 톱니처럼 생겼고 붉다. 잎 가운데는 연한 녹색이고 찻잎은 가지런하다.	찻잎이 끊어졌거나 가장자리는 붉지 않고 잎은 회황색과 갈색을 띠고 있다.

용정차(龍井茶)

	상 등 품	저 급 품
모 양	벽(碧) 녹색이고 윤기가 흐른다. 하얀 털이 많다. 형태는 가지런하고 작설 모양으로 만들어졌다. 말린 차는 싱그럽다.	푸르지만 윤기가 없고 잎은 늙어서 등황색을 띠고 있다. 하얀 털이 적고 형태는 굽어지고 가지런하지 않다. 말린 차는 향기가 약하다.
우린 후	찻물은 벽 녹색이고 약간은 푸르면서 황색이다. 맛은 싱그러우면서 자극적이다. 마시고 나면 입안이 개운하다.	찻물은 누르스름하고 암황색이다. 맛은 자극적이면서 약간은 떫고 쓰다. 심하면 악취가 풍긴다.
엽 저	신선한 난 꽃향기를 지니고 있고 녹색의 빛과 깃발처럼 나부끼는 잎이 우아하며 그 아름다움은 이루 형언할 수가 없다.	찻잎이 끊어졌고 암황색 혹은 암갈색이다. 약간은 발효된 형태로 보인다.

참고 : 용정차는 예부터 중국에서 10대 명차로 녹차를 대표한다. 녹차에서 가장 중요한 것은 신선해야 한다.

상등품의 용정차 / 저급품의 용정차

상등품의 용정차 찻물색과 엽저

저급품의 용정차 찻물색과 엽저

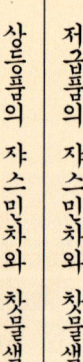

상등품의 쟈스민차와 찻물색

저급품의 쟈스민차와 찻물색

상등품의 화차 엽저　　　　　　　　　　저급품의 화차 엽저

화차(花茶)

	상 등 품	저 급 품
모 양	연녹색에 새하얀 털이 있고 끝은 뾰족하고 형태는 짧고 가늘며 줄기도 작고 가늘다. 꽃망울 색은 순백색이어야 좋다. 꽃과 차의 비례는 3대 7이다. 말린 차는 향기가 깊고 달며 쟈스민차 향기와 비슷하다.	형태는 조잡하고 흐트러져 있다. 말린 차는 향기가 약하고 잡 냄새가 난다. 꽃망울의 색은 등황색 혹은 갈색이다.
우린 후	질은 등황색이고 쟈스민차 향이 난다. 찻물은 단맛이 나면서 순정하다. 쓰고 떫지는 않지만 약간 자극성이 있다.	찻물색은 질은 황색에 가까우나 암황색과 붉은색도 들어있다. 맛은 쓰고 떫으면서 약간은 시큼한 냄새가 나고 탄내도 난다. 자극성이 강하고 뒷맛이 약하다.
엽 저	잎은 가지런하고 녹색이 뚜렷하다. 계화꽃은 훈제된 제품이 좋다.	잎은 부서져 있고 암녹색을 띠고 있다.

차의 보존

차를 좋아하는 사람들은 차의 보존방법을 잘 알아야 한다. 비록 품질이 아주 좋은 차라도 보존을 잘못하면 빨리 변질된다. 변질된 차는 색이 탁해지고 향기가 달아나며 맛도 좋지 않다. 심하면 마실 수도 없게 된다.

차 변질의 원인

차의 품질이 떨어지는 원인은 습기와 그 밖의 다른 이상한 냄새에 감염되기 때문이다. 완제품 차는 습기를 흡수하는 성능이 매우 강해 공기 중의 습기를 쉽게 빨아들인다. 시험에 의하면 충분히 건조된 찻잎을 공기 중에 하루 동안 방치해 두면 차의 함수량은 7%에 도달한다. 5~6일 동안 방치하면 수분이 15%로 상승한다. 기후가 습한 날씨에는 1시간에 수분이 1%씩 상승한다. 기온이 높아 미생물 번식에 적합한 계절에는 차의 함수량이 10% 초과할 때 차는 곰팡이가 피기 시작하고 마실 수 있는 가치를 잃어버린다.

이상한 냄새에 감염되는 것은 차에 에틸렌(ethylene)계 화합물과 고분자 팔미트산이 함유되어 있어 이 성분들이 다른 물질의 냄새를 흡수해 차 고유의 냄새를 변화시키거나 덮어버리기 때문이다. 이를테면 차와 나프탈렌, 향신료, 약물 등을 함께 놓거나 또는 아직 나무 냄새와 페인트 냄새가 강한 새 가구 안에 넣으면 몇 시간만 지나도 차에 다른 물질의 냄새가 배어서 불쾌감을 주거나 아예 차를 마시지 못하게 된다.

태양광선도 차의 품질에 영향을 커다란 준다. 특히 녹차를 강렬한 태양광선에 오랫동안 방치해 두면 엽록소가 파괴되어 차의 색깔이 누렇게 변하고 품질이 많이 떨어지게 되거나 사용하지 못할 정도로 된다.

차 보존방법

찻잎이 공기 중의 습기와 잡 냄새를 흡수하는 것을 방지하고, 태양광선과 온도에 영향을 받는 것을 방지하며, 눌리거나 부스러져서 찻잎의 외관에 영향을 주는 것을 피하기 위하여 반드시 적절한 보관방법을 취해야 한다.

대량의 찻잎을 보관하는 창고는 찻잎의 변질 방지를 감안한 건축설계여야 한다. 작은 양의 찻잎 보관방법에는 생석회나 목탄(숯)을 쓴다. 이 방법으로 보관할 때는 도자기 용기(또는 금속으로 된 용기)를 사용해야 한다. 용기의 크기는 보관하고자 하는 차의 수량에 따라 결정하면 된다. 용기 내부에는 반드시 건조하고 청결해야 하며 냄새가 없어야 하고 녹이 슬면 안 된다. 풍화가 되지 않은 생석회 덩어리 500그램 정도의 양을 부드러운 천으로 싼다. 찻잎은 깨끗한 얇은 종이로 500그램씩 싸서 꼭꼭 동여맨 다음 한 층 한 층씩 용기 안 테두리 쪽으로 쌓아 넣는다. 중앙 부분은 비워두었다가 석회석을 놓는다. 석회석 위에 또 찻잎 한 봉지를 놓는다. 이렇게 같은 방법으로 용기에 가득 찰 때까지 한층 한층 찻잎 봉지를 쌓아올린다. 입구는 크라프트(시멘트 용지 일종) 지로 봉한다. 그리고 거적이나 종려나무 같은 걸로 덮는다. 이러한 방법은 생석회로 하여금 찻잎과 공기 중의 수분을 빨아들이게 한다. 찻잎은 충분히 건조된 상태를 유지하게 된다. 생석회가 수분을 흡수하여 풍화가 된 다음에는 제때에 새것으로 교체해 주어야 한다. 일반적으로 포장 후 처음에는 1개월 후에 생석회를 교체하고, 그 후로는 약 1~2개월에 한 번씩 교체하면 된다.

목탄을 사용할 경우 먼저 목탄을 붉게 태운 후 다시 냉각해서 같은 방법으로 진행한다. 사용량은 약 1킬로그램 정도이고 1~2개월 격차로 목탄을 꺼내서 붉게 태워서 수분을 제거 후 다시 사용하면 된다.

통상적으로 차를 즐겨 마시는 사람이나 가정에서 구입하는 차의 양은 아주 적은 양이기 때문에 단지에 보관할 필요 없이 덮개가 이중으로 되어 있는 캔에 보관하면 된다. 캔에 넣을 때는 공간을 남기지 않는 것이 좋다. 왜냐하면 공간이 적으면 캔 안에 남아 있는 공기가 적어 보관하기 좋은 조건이 된다. 캔의 덮개를 잘 닫고 테이프로 밀봉 시킨 후 나일론 주머니에 넣는 것이 좋다. 또 다른 방법은 건조한 보온병 안에 찻잎을 넣고 입구를 밀봉하여 보관하는 방법이다. 이 두 가지 방법을 사용하면 장기간 품질이 떨어지지 않을 것이다. 그리고 평상시에 먹는 차는 차통에 적은 양을 넣어 두되 차통을 열고 닫을 때마다 덮개를 잘 덮어주어야 한다. 그리고 녹차는 태양광선에 약하기 때문에 투명한 유리로 된 용기에 보관하는 것은 바람직하지 못하다.

진공이나 기체를 채우는 보관방법도 있다. 진공방법은 찻잎을 캔 안에 넣고 밀봉 후 공기흡입기로 공기를 다 빨아들여 캔 내부를 진공상태로 만드는 방법을 말한다. 기체를 채우는 방법은 찻잎이 담긴 호일포장 주머니에 고밀도의 순수한 불활성 기체를 넣는 방법이다. 이 두 가지 방법을 사용하면 상온에서 보관해도 찻잎 원래의 색이나 맛, 향을 그대로 1년 이상 유지할 수 있다. 같은 방법으로 저온에서 보관하면 효과는 더욱 좋다.

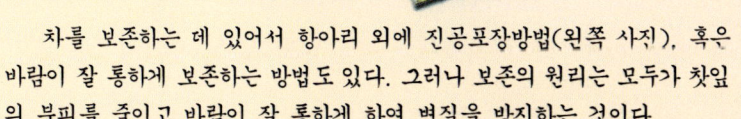

차를 보존하는 데 있어서 항아리 외에 진공포장방법(왼쪽 사진), 혹은 바람이 잘 통하게 보존하는 방법도 있다. 그러나 보존의 원리는 모두가 찻잎의 부피를 줄이고 바람이 잘 통하게 하여 변질을 방지하는 것이다.

차 보존의 주의사항

반드시 주의할 점은 찻잎 보존 중의 함수량이 5%(녹차)~7%(홍차)를 초과하면 안 된다. 만약 차를 보관할 때 함수량이 앞에서의 표준을 초과하면 그 차를 다시 덖거나 건조해서 보관해야 한다. 뿐만 아니라 찻잎을 덖거나 건조할 때는 깨끗하고 정결해야 한다. 기름기나 다른 이물질이 들어가서는 절대 안 된다.

그리고 센 불을 사용하면 타고 부서질 수도 있다. 뭉근한 불을 사용해서 천천히 덖고 건조시키면 연기냄새와 목탄냄새도 방지할 수 있다.

제2장· 차·호(茶壺)의 선택

　이싱(宜興) 자사 차호의 유래는 일찍이 송나라 시대부터 생산되기 시작했다. 그 후 명나라, 청나라를 거쳐 오늘과 같은 발전을 가져왔다. 이싱 자사 차호의 조형미는 고풍스럽고 다양하고 아름답다.

　자사 차호를 감별하는 데는 예술적 감각과 그에 대한 학문과 지식이 있어야 한다. 실제로 사람들은 자사 차호를 고르는 데 저마다의 표준이 있다.

자사 차호의 감별

자사 차호가 아름답다고 하는 데에는 몇 가지 이유가 있다. 그것은 조형이 아름답다[造型美], 재질이 보기 좋다[材質美], 실용성이 좋다[實用美], 공예가 아름답다[工藝美], 품위가 있다[品位美] 등이다.

조형미(造型美)

자사 차호의 모양은 매우 다양하다. 각을 낸 것도 원의 모양을 낸 것도 여러 종류이다. 일개 차호의 조형이 예술의 보고(寶庫)라고 할 수 있다. 형식상 자연에서 소재를 얻는다는 말은 주로 동물과 식물에서 취재하는 것을 말한다. 동물 중에는 날아다니는 동물, 물에 사는 물고기, 걸어 다니는 짐승 그리고 인체 등이 있다. 식물로는 수목, 넝쿨, 풀, 꽃과 야채 등이 있다. 이러한 것들은 모두 차호의 조형을 만들고 장식하는 제재가 된다. 가방, 모자, 저울추, 악기 등 실물의 형태를 모방해 차호를 만들기도 하고, 기하도형을 이용한 것도 있다. 점선 면의 결합구성을 응용한 것도 있다. 이를 테면 정방형, 장방형, 추형, 링형, 제형, 현담(달아맨 모양), 벌려진 팔, 편장형(扁長形), 네모와 원의 조합으로 이루어진 조형 등이다.

자체 신축(전체적 신축과 일부분 신축 두 가지 종류가 있음) 조형이 있는데 이러한 조형은 확대와 축소 개념과 다른 구성조형의 윤곽을 일컫는다. 전체적, 일부분만 위 방향으로 뻗어나가는 것도 있고 납작하고 평평한 방향으로 압축되고 확장하는 것도 있다. 그리고 추상적인 것도 있다. 이를 테면 하늘의 구름무늬의 변환, 연기가 감돌 듯한 도안, 헝클어진 줄무늬 조합, 기암괴석의 산과 하천의 무늬 등은 사람들에게 아주 귀한 아이디어를 준다.

밀짚모자형 차호: 이 차호는 밀짚모자를 모방해 제작했다.

사방호(四方壺)

원주호(圓珠壺)

방호(方壺)

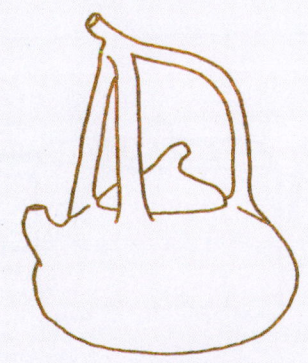

표제호(瓢提壺)

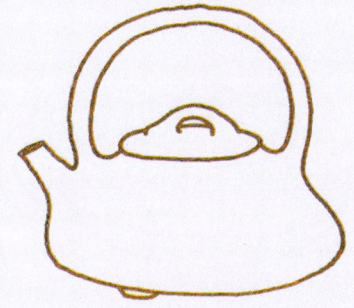

제양석표호(提梁石瓢壺)

제양석요호(提梁石銚壺)

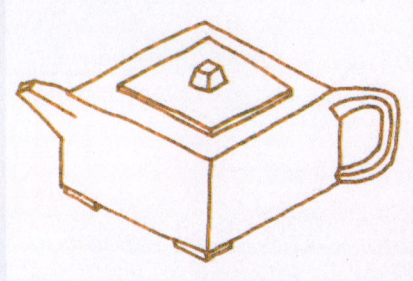

춘성호(春胜壺)

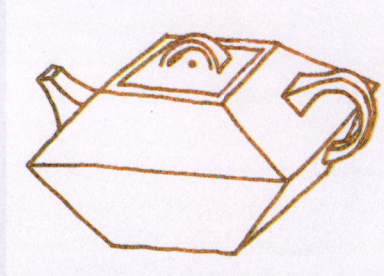

합두호(合斗壺)

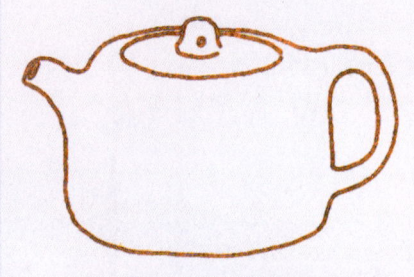

고정란호(高井欄壺)

반월호(半月壺)

합반호(合盤壺)

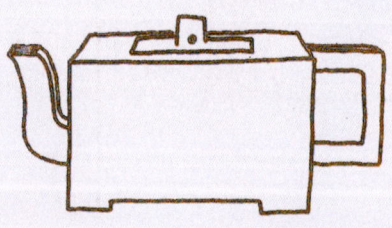

운복방호(云蝠方壺)

재질미(材質美)

자사광토(紫砂礦土)는 일종의 자연적인 특수 광토이다. 철질(鐵質)과 점토질(찰흙 성분)을 가진 분사암(粉砂岩)을 함유하고 있으며 자주색흙 이외에도 녹색흙, 적색흙이 있다. 이 세 종류의 흙을 자사 진흙(紫砂泥)이라고 한다.

이 세 종류의 흙을 단독으로 만들거나 혹은 일정한 비율로 배합하여 일정한 온도에 따라 구우면 자줏빛을 띠어도 강렬하지 않고, 붉은색을 띠어도 요염하지 않고, 검은색을 띠어도 어둡지 않다.

재질이 쇠나 돌 같기도 하고, 금이나 옥 같기도 하다. 멀리서 보면 검은 것이 꼭 옛날 청동기 같고, 가까이 가서 관찰해보면 찬란한 것이 옥의 정화처럼 보인다. 이것이 바로 자사 흙색의 특성이다.

차호의 색깔은 매끄러운 것이 좋다. 좋은 차호는 흙의 색깔이 나타내는 매끄러움과 윤택감이 매혹적이다.

만약 선택한 차호가 이싱 자사(宜興紫砂)일 경우 불빛 아래 비춰보면 금빛 점박이가 반짝이는 것을 볼 수 있다.

실용미(實用美)

자사(紫砂) 재질의 독특함은 자사 차호로 하여금 더욱 이상적인 사용미를 두드러지게 한다. 이싱(宜興) 차호는 거친 진흙으로 만들어졌다. 이 차호로 차를 끓이면 본래의 향기가 달아나지 않고 그대로 보존되면서 독특한 맛을 잃지 않는다. 또한 색과 향기가 모두 깊이 간직되어 있다. 장점은 다음과 같다.

· **첫째** : 자사호의 진흙재질은 열의 전달이 천천히 되므로 보온성이 강하고 손잡이가 뜨겁지 않아 몸 건강에도 유익하다.

· **둘째** : 자사호는 두 개의 공기 통로를 갖고 있다. 냉열성이 급변하고 추운 날에는 끓인 물을 넣어도 파열되지 않고 온수로 끓일 때 깨질 염려가 없다.

· **셋째** : 자사호는 오래 사용할 수 있다. 잘 가꾸면 시간이 갈수록 더욱 광택이 난다. 손으로도 감별할 수 있다.

· **넷째** : 자사호는 찻물을 쉽게 흡수하여 안쪽 면은 닦지 않아도 이상한 냄새가 나지 않는다. 자사호를 오래 사용하여 차 침전물이 쌓이게 되면 거기에 맹물을 넣고 끓여도 차향기가 솟구친다. 찻물 침전에는 회황색의 매소(霉素) 성분이 들어있어 소염과 소독작용을 한다.

공예미(工藝美)

자사호는 신(身, 몸), 경(頸, 목), 저(底, 바닥), 각(脚, 굽), 개(盖, 두껑), 취(嘴, 부리) 등의 부분으로 조성되어 있으며 매우 정교하고 완벽한 아름다움을 갖추고 있다.

많은 종류의 다양한 자사호 모양 중에는 요철선(凹凸線), 오목선(凹線), 원선(圓線), 선두선(鱔肚線), 완구선(椀口線), 즉배선(鯽背線), 비선(飛線), 번선(飜線), 운견선(云肩線), 농당선(弄堂線), 은선(隱線), 측각선(側角線), 음각선(陰角線), 양각선(陽角線), 방선(方線) 등 장식선과 실용선이 뚜렷하게 새겨져 있어 아름다움을 더욱 증가시킨다.

자사호의 뚜껑에는 절개(截盖), 개압(壓盖), 감개(嵌盖), 허개(虛盖), 평개(平盖), 선개(線盖) 등이 있어 실용성을 더했을 뿐만 아니라 보기에도 좋다. 뚜껑이 곧고 정밀하고 직경이 곧으면서 자사호를 옆으로 기울였을 때도 떨어지지 않는다면 가공이 잘된 제품이라고 볼 수 있다.

자사호의 부리는 직취(直嘴), 일만취(一湾嘴), 일만반취(一湾牛嘴), 이만취(二湾嘴), 삼만취(三湾嘴) 등이 있고, 부리의 구멍은 독공(獨孔), 다공(多孔), 구공(球孔) 등으로 나뉜다.

또한 자사호는 여러 가지 제품이 있다. 유광화(有光貨), 화화(花貨), 근양화(筋瓢貨) 등이 있다.

합환호(合歡壺)

유정호(乳鼎壺)

둥근형은 옥같이 윤기가 흐르고 네모난 것은 윤곽이 반듯하다. 화화(花貨)의 공예는 마치 그 모양이 실물을 방불케 하여 더욱 흥미롭다. 줄기와 선의 맥락은 매우 정교하고 곡선은 부드럽고 부리는 매우 알맞게 처리됐다. 자사 장식은 각(刻, 새긴다), 소(塑, 빚는다), 조(雕, 조각), 탁(琢, 쪼고), 첩(貼, 붙임), 회(繪, 그림을 그리고), 채(彩, 색칠), 교(絞, 비틀고), 감(嵌, 틀어박음), 루(縷, 다듬고), 유(釉, 도자기 유화), 퇴(堆, 쌓고), 인(印, 찍고), 양(鑲, 도금), 칠(漆, 마지막 칠), 포(包, 포장), 류(鎏, 꾸민다. 마지막 정리) 등이다.

자사호 공예는 백 번을 보아도 싫증이 안 나고 볼 때 마다 새로운 감을 더 해준다. 진정으로 오묘하고 '교탈천공(巧奪天工, 천공이 가져다 준)'의 기술은 그야말로 보는 이로 하여금 감탄사가 저절로 나오게 한다.

꼭지, 뚜껑, 손잡이
주(珠), 뉴(紐), 체(蔕)

공 기 구
기안(氣眼)

입
호구(壺口)

바닥
호저(壺底)

망
망공(網孔)

뚜껑
호개(壺蓋)

입술
호지(壺脣)

꼭지 받침
뉴좌(紐座)

부리
호취(壺嘴)

목
호경(壺頸)

몸
호신(壺身)

손잡이
제, 병(提, 柄)

품위미(品位美)

자사호에는 상품 차호와 공예 차호 두 가지가 있다. 또한 상품 차호도 정교하게 만든 것과 거칠게 만든 것 두 가지로 나뉜다. 공예 차호에는 공예품 차호, 특수 전통공예품 차호 및 예술품 차호 세 가지로 공예품 차호는 장인(匠人)의 업적과 작품의 가치, 즉 예술적 가치를 논해야 한다. 역사적 문헌에는 장인의 걸작들을 다음과 같이 소개하고 있다.

"여인들의 옷에 달린 패옥처럼 귀중하고(貴重如珂瓃 佩玉), 누에가 짠 비단처럼 진귀하며(珍重比流黃), '우'라는 사람이 만든 조칠(칠기로 된 공예품)과 같다(賦于雕漆)." "공춘호라는 작은 다구는 벼슬아치들의 수년치 녹봉에 버금가며, 홀(笏, 벼슬아치가 임금을 만날 때에 손에 쥐던 물건으로 조복(朝服)·제복(祭服)·공복(公服) 등에 갖추어 사용하였다) 한 개의 가치를 지녔다(供春小壺一具用之數年則值金一笏)." 명나라 웅비 왈, "경릉의 동정(銅鼎, 동으로 만든 솥)은 50전에도 살 수 있지만(景陵銅鼎半百淸), 형계의 차호는 그 가치가 만금에 달한다(荊溪瓦注十千余)." 《명호도록(茗壺圖錄)》에 기재되기를,

"명나라 때 제조된 차호는 그 가치가 중산층 한 가문의 재산과 맞먹는다(明制一壺, 値抵中人一家産). 이것으로 자사호의 가치를 엿볼 수 있다. 그 후 문인들의 참여는 자사호의 예술적 가치를 한층 더 높여주었다.

만생호(曼生壺)

예부터 자사호가 사회에 끼치는 영향이 커서 많은 문인들의 주목을 끌었고, 이미 높은 수준의 많은 문화인들이 수집하고 감상하는 예술품이 되었다. 또한 자사호는 그 귀중함이 보증될 뿐더러 그 가치가 상승할 수도 있다. 또한 자사호와 관련하여 각 역사 시기의 예술적 가치와 사회적 지위를 구현하였다. 그 뿐만 아니라 다도의 문화, 문물의 가치, 명인들의 걸작은 금은보석과 같은 가치를 가지고 있어 많은 애호가들이 앞 다투어 수집하여 소장하고 있다.

자사호의 조각장식 예술은 종류도 다양해 차호 표면에 시나 문학작품을 쓰거나 그림을 그리는 등 여러 가지 형식이 있다. 요즘은 어떤 기념이나 격려의 글, 발문 등을 써서 새로운 자사호 문화를 이루고 있다. 그리하여 자사호는 고품격의 문화적 가치가 있고 감상 면이나 보존 면에서 예술품으로 인정받고 있다. 심지어 어떤 자사호는 역사적 예술품으로 간주되어 후손에게 물려줄 수 있는 작품가치와 과학적 가치를 동시에 지니고 있다.

자사 차호를 어떻게 선택할 것인가?

자사는 특수한 토질에 있다. 장수성(江蘇省) 이싱(宜興)에서 출토된 토질은 차호를 만드는 데 가장 적합하다. 그래서 이싱에서 제작된 차호라면 명나라 때부터 이미 많은 사람들이 인정했다. 또한 이싱 차호는 많은 문인들이 수집하면서 선호하게 되었다. 각 시기의 유명한 장인들에 의해 만들어진 정교한 작품은 아주 진귀하여 "흙이 금과 동등한 가치를 가지고 있다(泥土興黃金等價)"라는 말까지 나왔다. 하지만 작품으로서 선호하는 차호는 유명한 장인들의 손으로 제작되었으며 그것에 가치구현은 원료인 흙과 제작기법, 디자인 외에도 제작 수준에 달렸다.

두 번째는 예술적 가치도 많은 사람들이 선택의 기준으로 본다. 자사호의 모양은 매우 다양하고 각각의 특징이 있다. 그리고 예술 수준은 시장가격을 결정하는 중요한 표준이다. 자사호 표면에 새겨진 특이한 나뭇잎, 꽃과 과일 그림, 무늬, 문자와 도안 등은 자사호의 더없이 정교한 예술적 가치를 구현했다. 그러므로 자연스럽게 사람들의 애착을 자아낸다.

세 번째는 시대의 낙인이 찍힌 제품을 중요시한다. 자사호는 역사 시기의 유행에 따라 시대의 낙인이 찍혀있다. 더욱이 한 역사 시기의 대표성을 띤 일부 작품은 천금을 주고도 얻기 어려운 걸작이 되는 경우가 많다. 현대 유명한 차호를 제작하는 장인들은 어떤 조형이든지 다 만들어 낼 수 있다. 그러나 옛날이나 지금이나 차호의 주요한 조형은 대략 다음 몇 가지로 나눈다.

자사호의 모양은 각기 특징을 갖고 있다. 그러나 외형은 차호의 가치를 가늠하는 중요한 요소는 아니다. 일반적으로 차를 마시는 사람들은 차호를 선택할 때 제작방법이 좋은 것이면 되는데 수집 애호가들은 많은 돈을 들여서 유명한 장인들이 만들어낸 것을 구입한다.

자연형(自然型)

중요한 요지는 대자연의 꽃, 풀, 물, 나무 등 각가지 사물 형태의 본을 따서 만들었다. 그리고 그것을 정교하게 꾸미고 가공하여 예술작품으로 탄생시켰다. 실로 자연형의 기묘한 구사이고 유명한 장인들의 예술작품이다. 자사 토질의 자연색채를 운용하면 주체성을 돌출하는 일종의 예술적 표현이다. 고죽호(古竹壺), 송죽매호(松竹梅壺), 호호(葫壺) 등이 있다.

원형(圓型)

　　원형은 여러 가지 부동(不同)의 방향을 이용한다. 예를 들면, 굽어진 곡선으로 구성된 호형(壺型), 차형(此型)은 여인조형온중(予人造型穩重), 즉 둥글고 매끄럽고 유약한 미감을 나타낸다. 우리가 흔히 보는 차호로는 원형호(圓型壺), 철구호(掇球壺), 저선원구호(底線圓球壺), 문단호(文旦壺) 등이 있다.

방형(方型)

이 형태는 선(線)의 아름다움을 표현한 것이다. 길고 짧은 직선을 이용한 것으로 육방(六方)과 팔방(八方), 능형(菱形), 정형(鼎形) 등이 있다. 특징은 윤곽이 뚜렷한 선이다. 선, 평면은 깔끔하여 비할 바 없는 아름다움이 숨겨져 있어 감탄사가 저절로 나온다. 우리가 흔히 보는 차호로는 방형호(方型壺)와 승모호(僧帽壺), 육방릉화호(六方菱花壺), 정육방호(井六方壺)가 있다.

근교형(筋紋型)

　차형(此型)은 자연형에서 벗어나 독립된 형태이다. 자연계 중에서 생동, 유창함 즉, 우수한 장점인 근문 곡선을 바탕으로 한 속칭 근양화(俗稱筋瓢貨), 여반남과호(如半南瓜壺), 화판호(花瓣壺), 어화용호(魚化龍壺) 등이 있다.

차호의 실용성

품질이 좋은 차호는 외관으로 볼 때 보기가 좋아야 할 뿐만 아니라 제일 중요한 것은 실용적이어야 한다.

차를 마시고 차호를 감상하는 것은 일상생활을 즐기는 것이고 동시에 예술생활의 체험이기도 하다. 차호에서 중요한 기능은 차의 색, 향, 맛을 완전히 전개하는 것이다. 그렇기 때문에 차호를 구입할 때 진귀한 점에만 착안하지 말고 더욱 실용성을 따져야 한다. 실용성에 관하여 두 가지 방면으로 설명할 수 있다. 첫째는 품종이고, 둘째는 크기이다.

차호의 종류

차호를 전문적으로 수집하는 사람들도 있다. 이러한 사람들은 차호를 골동품처럼 여긴다. 첫째, 연식이 오래된 것일수록 가치가 높고, 둘째는 차호의 출처 즉, 명인(名人)의 작품이다. 이에 따라 가격차이가 현저하다.

차호를 구입할 때 새 제품이든 중고품이든 간에 우선 고려할 것은 자신의 경제능력이라 하겠다. 차호는 자기와 토기(질그릇) 제품이 있다. 이 제품들은 각기 특색을 가지고 있다. 자기 제품은 향이 짙은 발효차(생차)를 우릴 때 쓰고, 토기 제품은 풍아한 맛의 짙게 발효된 뜨거운 차를 마실 때 쓰인다.

차호의 크기

차호의 용량은 각각 다르다. 작은 것은 술잔만한 것도 있다. 이것은 주로 혼자 마실 때 사용한다. 큰 것은 수십 잔을 담을 수 있어 몇 십 명도 함께 마실 수 있는 크기이다. 그래서 차호를 구입할 때는 자신의 상황에 맞게 그 크기를 선택해야 한다. 만약 손님은 많이 모셨는데 차호가 너무 작다거나 반대로 손님은 적은데 차호가 너무 크다면 강권하는 것 같은 느낌을 주어 실례가 될 수 있다. 요즘 전통문화가 갈수록 중요시 되는 추세에 맞추어 차 문화도 성행하고 있다. 사람들은 갈수록 다예의 격조와 품질, 차호의 예술적 가치를 즐긴다. 좋은 차호에 고급차를 우리며 풍요로움을 더한다.

차를 우려 마시는 것은 마음을 풍요롭게 할 뿐만 아니라 예술이고 바쁜 일상 속에서 한가함을 즐기는 일이다. 혼자서 차를 마시는 것은 자신으로 하여금 조용하고 아늑한 분위기에 도취되게 한다. 친구 서너 명이 함께 차를 마시면서 밤을 새워가면서 동서남북의 일에 대해 장광설을 늘어놓는 것도 최고 경지에 오른 기분일 것이다.

차호를 잘 보수하는 것도 차로부터 파생된 중요한 문화이며, 현대에 와서 한 분야의 예술로 승화되었다. 그런가하면 차를 마실 때 차호를 감상하고 그것에 대해 논의하는 것은 고상한 정취로 되었다. 왜냐하면 차호는 차의 향을 내포한 요람이기 때문이다. 좋은 차호로 차를 우리는 것은 차 문화를 한층 더 높은 단계로 끌어올린 격이 되었다.

차호를 선택할 때 다음 몇 가지 사항에 유의해야 한다.

1. 조형과 외관을 본다 : 어떤 모양의 차호를 막론하고 우선 호의 부리, 손잡이, 몸통 부분의 균형을 본다. 또한 자신이 좋아하고 만족하는 것을 선택한다. 그것은 본인의 심미적인 관점이 중요하기 때문이다.

2. 재질을 본다 : 재료로 쓰인 흙은 잡색이 없고 온화한 빛을 띤 흙으로 빚은 것이 좋다. 흙의 색깔에는 상관없이 중요한 것은 흙이 온화한 빛을 띠어야 한다. 그것은 사람들이 봤을 때 감각적으로도 좋기 때문이다. 어떤 색깔은 보기에도 활기가 없고 죽은 듯한 느낌을 준다. 예를 들면 인공적으로 광택을 낸 것, 또는 기름을 사용해서 닦아낸 것은 바람직하지 못하다. 차호에서 중요한 것은 잡 냄새가 없어야 한다. 그리고 차호의 뚜껑이라든가 호의 표면 등 외관도 잘 살펴봐야 한다. 더욱 유의해야 할 곳은 호의 부리 부분이 막힘없이 잘 통하는지, 뚜껑과 부리가 닫혀 있을 때 움직임은 없는가이다.

3. 기능을 본다 : 부리에서 물이 막힘없이 흘러나와야 한다.
침처럼 흘러나오면 안 된다(많은 장인들은 침처럼 흘
리는 부리에 대해 많은 연구를 해왔고 각기 자신의 경
험담도 있으나 완전한 해결책이 있다고는 말할 수 없
다. 그래서 부리에 대해서는 기본요구에 부합되면 된
다. 너무 엄격한 요구를 하지 않는 것이 좋다). 뚜껑이
꼭 닫히고 헐겁지 않아야 한다. 옆으로 기울일 때 뚜껑
이 떨어질 우려가 있는지를 봐야 한다. 90도로 기울어
질 때 물이 새어나오면 좋은 차호라고 할 수 없다.

4. 차호를 정성들여 만들었는가 : 차호 부리의 망공(網孔)과
뚜껑의 공기구멍을 보면 알 수 있다.

차호를 만들 때 얼마나 정성을 들여 만들었는
가를 구별하려면 거름망이 정교하고 잘 뚫어져
있는가를 보면 누구라도 쉽게 알 수 있다.

　　예나 지금이나 차를 즐기는 사람들은 여전히 자사호를 선호한다. 그러므로 아직도 그 수요량이 줄지 않고 있다. 때문에 이싱 자사 공예가들은 자사호의 고품질 생산방식에 더 한층 심혈을 기울이고 있다. 그 래서 저명인사들과 자사호를 수집하는 애호가들에게 고가로 좋은 품질의 차호를 제공한다. 뿐만 아니라 동시에 보급품 형식으로 가공한 자사호도 대량 생산하여 일반 소비자들에게 저가로 판매하고 있다.

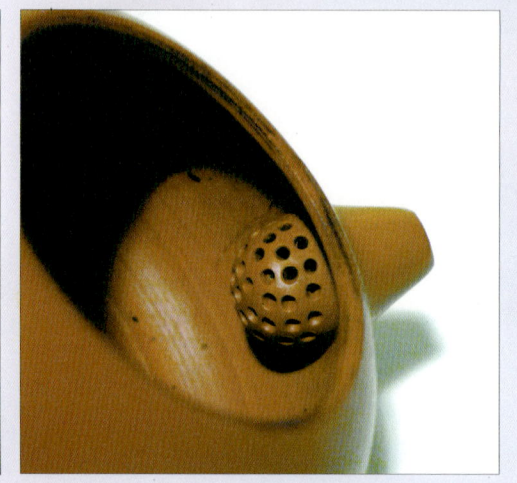

단공(單孔)	구공(球孔)
다공(多孔)	

출수공(出水孔) : 출수공이란 차호 내에서 부리로 통하는 구멍이다. 예전의 자사호는 크든 작든 간에 출수공은 단 하나였다. 근래에도 작은 차호는 여전히 출수공은 하나지만 대(大), 중(中) 차호는 찻잎이 출수공을 막아 출수에 방해가 되어 그것을 방지하기 위해 여러 개의 출수공을 만들고 있다.

현대적 품위의 차호 선택

최고급 품질의 차는 색(色), 향(香), 맛(味)이 좋아야 할 뿐만 아니라 마신 후 목구멍이 함초롬하고 여러 번 우려 마셔도 맛과 향이 오래가야 한다. 좋은 차호는 외관이 아름다워야 하고 재질도 고르고 윤택이 나고 실용적이어야 한다.

품질이 좋은 차를 좋은 차호로 끓이지 않는다면 좋은 차의 특색을 살릴 수 없으리라. 반대로 최고급 품질의 차호만 있고 좋은 차가 없다면 그것 또한 사람들로 하여금 아쉬운 감을 자아낸다.

어떤 조건이 구비되어야만 좋은 차호라고 할 수 있는가? 유명한 장인의 손을 거친 제품만이 좋은 차호인가? 반드시 유명한 장인이 만든 제품이 모두 다 좋다고 할 수 없다. 하지만 믿을 수 있는 제품이라고 볼 수 있다. 왜냐하면 유명한 장인들은 분명히 수준이 높은 제작기법을 터득했기 때문이다.

차호의 좋고 나쁨은 개인의 주관적 기호에 따라 평가됨을 제외하고 보통 두 가지 표준으로 판단할 수 있나. 첫째는 차호의 조형 결구성이고, 두 번째는 실용성이다.

자사호 도자 다구

뚜껑을 벗긴 차호를 뒤집어 책상 위에 놓았을 때
호의 부리, 입, 손잡이의 윗부분이 수평을 이뤄야 한다.

호의 부리, 손잡이, 입의 꼭지
세 점이 일직선을 이뤄야 한다.

차호의 조형

완성품으로 제작된 차호는 각 부분이 서로 조합이 잘 어울려야 한다. 그래서 그 조합이 이상적인지, 물리적 성질에 부합되는지는 하나의 차호를 평가하는 기본 조건이다.

차호의 3대 요소인 부리 부분, 손잡이, 몸통 등 3가지로 나누어서 설명하면 다음과 같다.

차호의 부리, 손잡이, 꼭지 부분은 반드시 세 점이 일직선상에 있어야 한다(소수의 특수 조형은 각 부분이 조합비율에 맞고 균형이 잡혀야 한다. 그리고 공간감도 있어야 한다). 부리 부분은 반드시 물이 막힘없이 흘러나올 수 있어야 한다. 손잡이는 잡을 때 가볍고 쉽게 손에 쥐어져야 한다. 차호의 부리와 몸통, 손잡이와 몸통의 연결 부분은 자연스럽게 하나의 정체처럼 되어야 한다.

차호의 모양

차호의 외관은 여러 가지 면을 고려해야 한다.

아름다움 : 근래에는 차호의 모양이 너무도 다양하다. 높거나 낮거나 둥글거나 납작하거나 기하형태이거나 수박이나 과일 모양 등 수백, 수천 종에 이른다.

이 많은 차호 중에서 어느 한 점을 선택하기란 그리 쉽지 않다. 사람마다 자기의 기준이 되는 미적 감각이 있다. 또한 아름다움이란 일정한 기준이 없지 않은가. 그래서 당신의 마음에 들면 그만이리라.

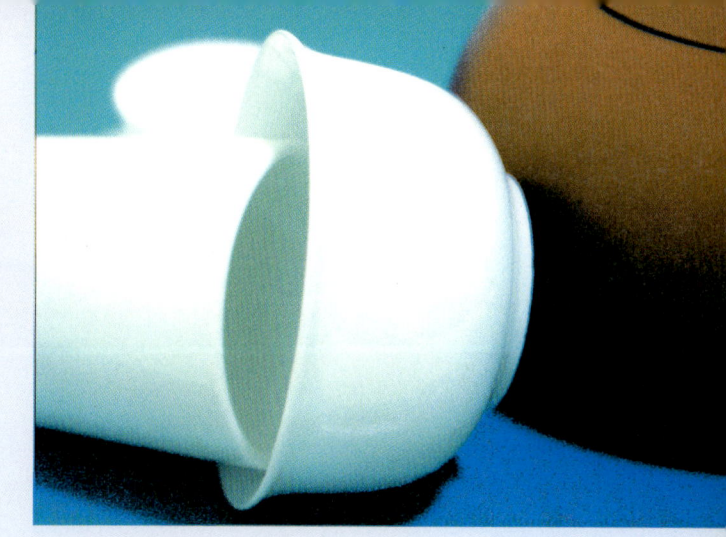

차호의 중심이 잘 맞는가를 가늠하는 방법은 차호에 절반 정도의 물을 붓고 손으로 들었을 때 힘들지 않아야 되고(왼쪽 그림), 물이 잘 고르게 따라지는가를 본다(오른쪽 그림).

중심이 잘 잡혔는가도 중요 : 손으로 차호를 집어 들었을 때 중심이 잘 잡혀있고 편안한가를 본다. 새 차호를 구입할 때는 3/4 가량의 물을 붓고 차호를 들고 몸통과 손잡이의 균형이 잘 맞는가를 살핀다. 그리고 차호를 들고 천천히 아래로 기울인다. 손이 편안하면 그 차호의 중심은 매우 온정(穩定)한 것이고 좋은 차호이다. 만약에 차호의 손잡이를 힘껏 들어야 평온할 때는 그 차호의 중심 위치가 바르지 못한 것이다. 또한 차호 뚜껑도 열고 닫을 때 잘 맞아야 한다.

차호의 물줄기가 원모양으로 길고 곧게 나와야 한다 : 차호에서 부리를 통해 물을 따를 때 물줄기가 박력 있고 길고도 원형이어야 하고(왼쪽 그림), 그와 동시에 차호를 기울일 때(오른쪽 그림), 물방울이 하나도 남지 않아야 좋다.

차호 뚜껑과 호의 밀착도 : 밀착도가 높을수록 차 향기가 빠져나가지 않는다. 호의 뚜껑은 꼭 들어맞는 것이 좋다. 뚜껑이 잘 들어맞는지의 측정방법은 호에 1/2~3/4의 물을 넣고, 식지(食指 : 두 번째 손가락)로 뚜껑 위의 기공을 꽉 누르고 호를 기울여 본다. 만약 물이 한 방울도 흐르지 않는다면 뚜껑이 꼭 들어맞는 것이다(사진1). 기공을 열면 정상적으로 물이 흐른다(사진3). 그리고 식지로 호의 부리 입구를 막고 호를 거꾸로 들어본다. 잘 들어맞는다면 뚜껑이 땅에 떨어지지 않고(사진2), 부리를 막은 식지를 떼어야 비로소 호의 뚜껑은 떨어진다(사진4).

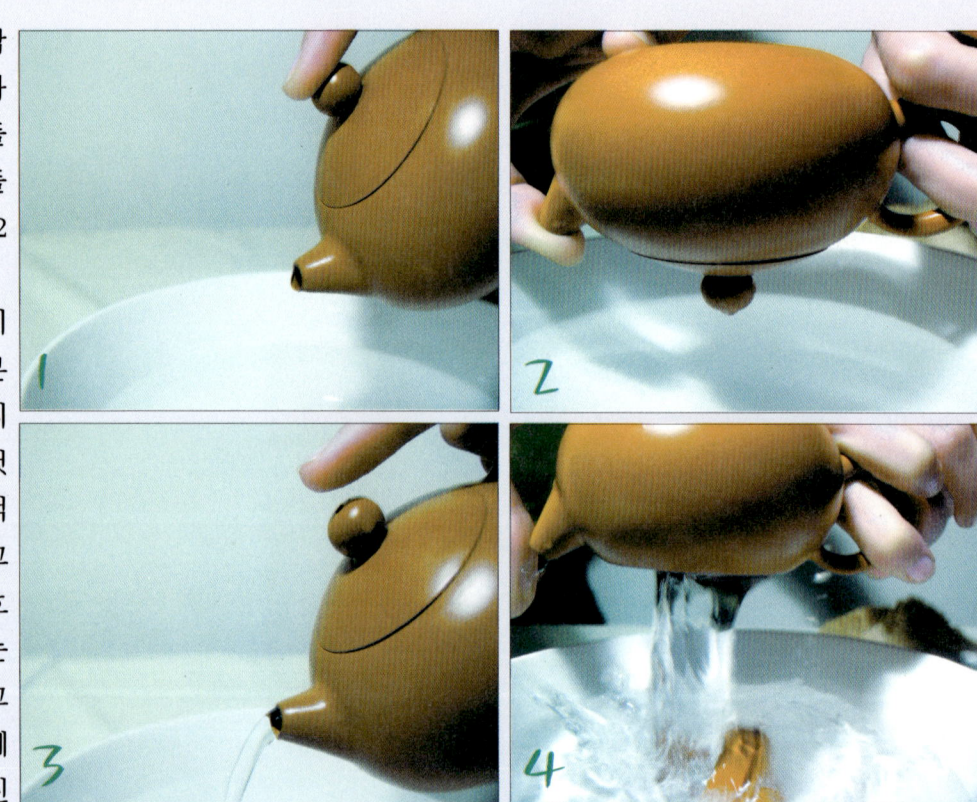

차호의 굽과 표면은 매끄럽고
공정(工整)해야 한다. 호에는 적
어도 두 사람 이상의 인장(印章)이
씩혀있어야 한다. 대개는 굽이나
뚜껑, 아니면 손잡이에 있다.

차호의 소리 : 차호는 구워낸 불의 세기와 시간에 따라 그 굳기가 다소 차이가 있다. 그래서 쇠처럼 쟁쟁하고 낭랑한 소리와 둔탁한 소리로 나뉜다. 이 중에서 쟁쟁하고 낭랑한 소리와 둔탁한 소리 중에 어떤 게 좋은 호라는 뚜렷한 기준은 없다. 그러나 많은 전문가들에 의하면 쇳소리가 나는 쟁쟁하고 낭랑한 호는 발효된 향기가 짙은 차, 예를 들어 생차(生茶)를 우리는 데 비교적 적합하다. 소리가 둔탁한 호는 발효가 짙고, 정취가 차분한 뜨거운 차를 우릴 때 적합하다고 말한다.

호의 소리를 구별하는 방법은 차호를 왼쪽 손바닥에 평평하게 올려놓고 오른쪽 손가락으로 호의 몸체를 가볍게 튕겨보는 것이다.

여기에서 특별히 강조해야 할 점은 이싱 도토(陶土)는 석영(石英)성분을 함유하고 있다. 그래서 차호로 만들어진 후 불빛에 비춰보면 금빛 점박이를 볼 수 있다. 이는 다른 지역의 도토에서는 볼 수 없는 특색이다.

색깔을 관찰하고, 소리를 듣고, 직접 물을 담아 시험해 보는 것은 차호를 고를 때 빼놓을 수 없는 절차이다. 초보자라면 본서에서 설명한 세부 절차를 하나하나 시험해 보면서 품질이 좋은 차호를 구입할 수 있다.

수작업으로 제작한
유명 공예인의 차호.

차호의 품질

차호의 제작방법으로는 크게 세 종류로 나눌 수 있다. 순수하게 수작업으로 하는 차호와 반 수작업 차호, 공장 차호가 있다. 이렇게 만들어진 차호는 종류마다 다소 가격의 차이가 있다. 차호에 기초적인 지식이 없는 사람들은 어떤 호가 좋은 것인지 쉽게 구별하기가 어렵다. 그러나 호의 뚜껑을 열고 내부를 자세히 살펴보면 곧 알게 된다.

보통 공장에서 대량으로 틀에 부어 제작한 차호는 조잡하다. 호의 내부를 보면 틀의 모흔(模痕)을 볼 수 있다. 순수 수작업을 한 공예이이 제작한 차호는 그만큼의 값어치가 있어 보인다. 반 수작업 치호는 틀의 모양이 같아 조형이 똑같은 것을 많이 제작하지만 일렬번호를 매겨 품질을 보증하는 차호도 있다.

다예

어떻게 차호를 오래 보존할 것인가

좋은 차호를 소유하고 있다는 것은 차인으로서 행복한 일이다. 그러나 호를 보관할 줄 모르거나 보관하는 방법이 맞지 않으면 좋은 호를 소유할 수 없다. 당신이 아무리 명가(名家)의 호를 갖고 있고, 골동호, 혹은 멋진 외관을 가진 현대 차호를 갖고 있다 해도 평소 세심히 보관해야만 한다. 그래야만 당신의 사랑스러운 호가 될 것이다. 품종이 좋은 망아지가 좋은 주인을 만나 명마가 되는 것처럼 자신의 윤택을 발할 수 있다.

호를 잘 보관하는 목적은 차호를 윤택이 나게 하고 아름답게 감상하는 데 있다. 그 외에도 자사호나 석호(石壺) 자체는 차 성분을 흡수하는 특성이 있기 때문에 잘 보관된 차호는 "차 맛을 돕는" 작용을 한다. 차호를 보관하는 것은 마치 정성스럽게 나무를 심어 가꾸

차를 우리기 전에 먼저 차호 안팎을 끓는 물을 이용하여 깨끗이 닦는다. 호도 덥힐 겸 소독도 한다. 차를 우리는 과정에서 찻물로 호의 몸체에 따르면서 닦는 것은 호를 보관하는 좋은 방법의 하나이다.

는 것과도 같다. 나무 싹을 뽑아 올리는 식의 보관방법은 일시적인 효과는 볼지 몰라도 자연미를 잃게 된다. 평소에 인내심을 갖고 보호하고 보관해야 한다. 절대 조급해서는 안 된다. 당신의 마음과 땀이 차호에 충분히 표현되게 해야 한다.

새로 구입한 차호의 관리

새로 구입한 차호는 사용 전에 반드시 처리과정을 거쳐야 한다. 마치 배가 제조공정이 끝난 후 첫 항해를 나가기 전에 성대하게 처녀항해 의식을 거행하는 것과 마찬가지이다. 사람들의 인정을 받는 처리방법은 주로 두 가지가 있다. 하나는 전통적인 방법이고 다른 하나는 간편한 방법이다.

전통식: 솥을 잡 냄새가 없도록 깨끗이 씻은 후 물을 붓고 새 차호를 물에 담근다. 물의 양은 호를 담근 후 2센티미터 여유가 있을 정도의 깊이면 된다. 그리고 약한 불로 천천히 가열을 한 후 물이 끓기 시작하면 센 불로 덖은 찻잎을 한줌 넣고 3분 동안 끓인다. 찻잎을 건져내고 30분 정도 더 끓인다. 그런 후 호를 꺼내어 잡 냄새가 없는 곳에서 직사광선을 피해 자연건조 시킨다.

어떤 사람들은 찻잎을 넣는 과정을 생략하고 맑은 물로 새 차호를 끓인다. 찻잎을 넣고 안 넣고는 자신의 기호에 따른다. 어느 방법이 옳다고 말하기는 어렵다. 아무튼 두 가지 모두 주요 목적은 차호의 미세한 구멍 안의 분말을 배출시켜 흙냄새와 이물질을 제거하는 데 있다.

간편식: 우선 도기 차호 안을 냉수로 가득 채운 후 다시 쏟아버리고 다시 온수를 가득 채운다. 또 다시 쏟아버리고 이번에는 끓는 물을 부어 넣는다. 다시 말해서 온도를 점차적으로 높이는 방법으로 호 몸통의 작은 구멍 안의 분말을 배출시킨다. 그런 후 작은 칫솔을 먼저 끓는 물에 3분 정도 담갔다가 꺼내어 부드러워진 칫솔로 치약을 묻혀 주전자의 안팎을 닦는다. 이러한 과정을 거치고 나면 새 호의 흙냄새, 잡 냄새, 왁스 냄새 등을 제거할 수 있다. 마지막으로 끓는 물로 호 안팎을 데워낸다. 이처럼 호는 성대한 "처녀항해" 의식을 거행한 후에야 정식으로 "항해"할 수 있고, 비로소 차호로 쓰일 수 있다.

다예

차호의 관리

차호의 관리는 그렇게 특별한 묘책이 필요한 것이 아니다. 사용방법만 정확히 파악한다면 오랫동안 쓸 수 있다. 그리고 차호는 사용할수록 보석처럼 빛을 발한다.

보통 차호의 관리전문가들의 말에 의하면 차호를 관리하는 데는 몇 가지를 명심해야 한다.

차를 우리기 전에 먼저 뜨거운 물을 차호에 붓는다

찻물을 우리기 전에 먼저 뜨겁게 끓인 물로 차호 내부를 깨끗이 헹구면(옆의 사진과 같이) 소독도 되고 차호도 덥히는 효과가 있다.

차호 몸통에 차 씻은 물을 붓고 차호를 닦으면 관리가 잘 된다.

덮혀진 차호 닦기

　차를 우릴 때, 물의 온도가 매우 높기 때문에 차호의 세공(細孔)이 불어나고 수기(水氣)를 차호 밖으로 뿜어낸다. 그럴 때는 깨끗한 행주로 한두 번씩 호 표면을 깨끗이 닦아준다(그림과 같이). 그러면 뜨거운 온도에 호 표면이 더욱 윤기가 난다.

차를 우릴 때 차호를 먼저 물에 담근다?

차를 우릴 때 호에 차를 넣고 끓인 물을 붓고 먼저 부어놓은 물에 온도를 조절한다(아래 사진). 그런가하면 물을 끓인 후 차를 넣기도 한다(왼쪽 사진). 그러면 호를 잘 보호할 수 있다고 생각한다. 그러나 실제는 그렇지 않다. 이

두 가지 방법은 호를 보호하는 데 아무런 도움이 안 된다. 오히려 호 표면에 얼룩을 남길 수도 있다.

차를 우려낸 후 차호의 관리

차를 우려낸 후 매번 우린 차를 버려야 한다(사진1, 2). 그리고 더운물로 차호 내부에 남은 잔류를 깨끗이 없애고 차호 표면도 깨끗이 닦아줘야 한다. 그래야 차호를 오래 보존할 수 있다.

차호 사용 후 관리

우려낸 차를 차호에 그대로 두고 말리는 경우가 있는데 이런 습관은 좋지 않다. 이는 차와 차호에 모두 불결하기에 이러한 습관은 반드시 고쳐야 한다.

다예i

차호에 남은 찻잎과 찻물

차를 우리고 난 찻잎과 찻물은 반드시 모두 버려야 한다. 그런 후 뜨거운 물로 차호의 안팎을 깨끗이 씻어내고(오른쪽 사진), 물기를 없앤다. 어떤 사람들은 찻물을 차호 안에 남겨두면(왼쪽 사진), 호를 보호한다고 생각하지만 그렇지 않다. 오히려 차호에 냄새가 배면서 좋지 않다.

반드시 차를 우려내고 차호 안을 깨끗이 건조시킨다. 습기가 있게 해서는 안 된다. 그래야 자연스럽게 광택이 나는 차호를 보존할 수 있다.

　사용한 차호를 깨끗이 헹군 후 호의
뚜껑을 열고 통풍이 잘되는 곳에 놓아
두어 물기가 다 마른 후 보관한다.

차호를 보관할 때 기름때와 먼지가 있는 곳

기름때와 먼지가 있는 곳에 차호를 두면 호 광택에 영향을 준다.

주방용 화학세제

주방용 화학세제는 호 안에 차향을 흡수하고 씻어버린다. 그리고 호의 광택에도 손상이 간다. 결코 사용해서는 안 된다.

차호의 수정

새 차호를 자기의 이상(理想)에 맞게 사용하자면 종종 인공적으로 수정(修整)을 거쳐야 한다. 이 과정에서 사용하는 공구는 의외로 간단하다. 금강석 칼(刀), 금강사(金剛砂, 석류석의 가루로 유리나 쇠붙이를 가는 데 사용) 그리고 비누만 있으면 된다. 이러한 도구는 공구상가에서 구입할 수 있다.

차호의 수정방법

1. 금강사에 물을 붓는다.
2. 호 뚜껑에 비누칠을 한다.
3. 금강사를 바른다.
4. 한 손으로는 기공(氣孔)을 잡고 다른 한 손으로는 차호 굽을 잡고서 가볍게 연마한다.
5. 기공이 너무 작으면 막힐 수가 있다. 금강석 칼을 사용하여 천천히 갈아서 기공을 넓힌다.
6. 차호의 수정이 끝났다고 하여 곧바로 물을 붓거나 물을 묻히면 안 된다.
7. 수정이 다 됐다고 판단될 때 손으로 수구 부리를 막고 뒤집으면 뚜껑이 떨어지지 않아야 한다. 수구(水口) 부리를 놓으면 비로소 뚜껑은 떨어진다.

제3장 차 우리기

중국 역사상 이름난 차인(茶人)은 대개 걸출한 예술가들이었다. 송대의 소식(蘇軾), 구양수(歐陽修), 휘종조길(徽宗趙佶)은 명대의 오중사걸(吳中四杰)이다. 청대의 건륭황제부터 근대의 문학대가에 이르기까지 모두가 높은 문화수양과 예술조예가 깊을 뿐만 아니라 차의 이치를 잘 아는 사람들이다. 때문에 중국 사람들이 차를 마시는 것은 "차예(茶藝)"라고 부르는 것도 과장이 아니다. 실제로 차를 우리는 과정에서 예술사상과 미학관점들을 관철시켰던 것이다. 그래서 중국의 차예를 단순히 하나의 기법으로만 봐서는 안 되며 그 안의 기예(技藝), 도구, 정취와 정신을 이해해야 한다.

차 종류에 따라 차 우리기

녹차 우리기(용정차의 예)

시후(西湖) 용정차는 싱싱한 녹색과 싱그러운 향기, 담백한 맛, 찻잎의 아름다움이 매우 뛰어나다. 그와 더불어 용정차(龍井茶)와 호포수(虎跑水)를 항저우의 쌍절이라고 부른다.

다구 준비(備具) : 용정차를 우릴 때는 보통 무색투명한 다기나 투명한 유리컵, 아니면 백색 도자기를 사용한다.

잔 씻기(洗杯) : 찻잔을 씻을 때는 물을 조금 부어 몇 번 돌린다. 즉 가볍게 헹구는 형식을 취한다.

베이징(北京) 충친롄 찻집 제공. 시연자 위 하이리.

차 꺼내기 (取茶)	차 감상 (賞茶)
차 넣기 (直茶)	물 붓기 (注水)

차 넣기(直茶) : 차시 (茶匙, 찻숟가락)를 이용하여 찻잎을 적당히 퍼서 투명한 유리잔에 넣는다.

물 붓기(注水) : 물을 적당히 붓는다.

침윤포 (浸潤泡)	물 붓기 (加水沖泡)
차 대접 (出茶奉茶)	찻물색 (湯色)

침윤포(浸潤泡) : 찻잔에 1/4~1/5 정도 뜨거운 물(75℃~85℃)을 붓고 찻잔을 들어 왼손에 받쳐 오른 손으로 가볍게 쥐고 시계 방향으로 4~5회 살살 돌린다. 그와 동시에 차향을 맡을 수 있는 효과도 본다.

우리기(沖泡) : 봉황 삼점두(鳳凰三点頭)방식을 이용해 우린다. 찻잔의 70% 정도까지 뜨거운 물을 따른다.

홍차(紅茶) 우리기(기문홍차의 예)

기문홍차(祁門紅茶)는 우량한 품종으로 중국전통 공부홍차 중에서도 상급으로 친다. 기문홍차의 은은한 향기와 부드러운 맛, 아름다운 찻잎, 선명한 색깔 등 이 네 가지는 차인들에게 널리 알려졌다. 기문홍차의 외형은 줄기가 튼실하고 긴밀하며 끝이 뾰족하고 가늘다. 황금색의 백호가 뚜렷이 보이며 맛은 달콤하고 그 향기의 여운이 오래간다.

찻물색은 붉고 선명하며 그 향기는 꽃향기와 같고 맛은 마치 꿀맛과도 흡사하다. 그야말로 향중유미(香中有味), 미중유향(味中有香)이라 하겠다. 기문홍차를 우리면 향기에 매료된다. 거기다 우유를 조금 섞는다면 그 맛은 매우 독특하다. 그렇다고 향기가 줄어드는 것도 아니고 찻물색도 맑고 색깔도 선홍빛을 띤다. 그야말로 차 중에서 으뜸이다.

다구 준비(備具) : 홍차는 찻물색이 아름다워 투명한 유리 다구를 사용한다.   **차 감상(賞茶) :** 우릴 찻잎을 감상한다.

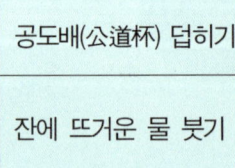

차호 덥히기	공도배(公道杯) 덥히기	잔 씻기
	잔에 뜨거운 물 붓기	

차호와 잔 덥히기(溫壺, 溫杯): 끓인 물을 유리 차호에 부어 차호를 덥힌다.

잔 씻기(洗杯): 차호에 부었던 뜨거운 물을 찻잔에 똑같이 나누어 골고루 따른 후 버린다. 잔을 덥히고, 동시에 씻는 효과도 있다.

차 넣기(直茶) : 차시를 이용해서 덥혀진 차호에다 차를 넣는다.   **우리기(沖泡)** : 봉황삼점두 수법으로 물을 붓는다.

봉황삼점두(鳳凰三点頭) 방식 : 차를 우려줄 때 낮은 데에서 높게 올려 주는 것을 연이어 반복적으로 세 번 해 주는 동작으로 물이 찻잔 가득히 넘치게 부어서는 안 되며 찻잔의 약 70% 정도가 적당하다.

봉황삼점두 수법에는 세 가지 뜻이 포함되어 있다. 첫째, 차를 마시는 사람이 찻잔 속의 찻잎이 위아래로 움직이는 것을 감상할 때 봉황이 날개를 펼쳐 움직이는 아름다운 모습과 같다는 것을 비유했다. 둘째, 찻물이 상하좌우로 선회하므로 찻잔 속의 찻물이 균일하고 고르게 된다. 셋째, 주인이 손님에 대한 '삼국궁(三鞠躬)' 즉 허리를 굽혀 세 번 절하는 중국의 전통예절로 손님에 대한 예의와 존중을 뜻한다.

우리기(浸泡) : 차가 적당히 우러나기를 기다린다(왼쪽).

차를 낸다(出湯) : 거름망을 이용해 공도배에 차를 따른다(오른쪽).

차 나누기(分茶) : 각 잔에 우린 차를 골고루 나누어 따른다.

두 번째 우린 찻물색

오룡차(烏龍茶) 우리기(철관음의 예)

품질이 좋은 철관음(鐵觀音, 오룡차 계열)은 찻잎이 말아져 있고, 무게가 있으며 꼭지 부분이 푸르고 찻잎 가운데는 초록색을 띠고 잠자리 머리 모양을 하고 있다. 색깔이 윤택이 나고 싱싱하다. 녹색이 드러나고 붉은 점이 뚜렷하며 찻잎 표면에 하얀 서리 모양이 있다. 이것이 바로 상품의 철관음이 가지는 주요 특징 중의 하나이다.

철관음을 우려낸 찻물은 황금색을 띠며 맛이 진하고 맑고 투명하다. 찻잎 밑면이 두껍고 밝으며 비단결처럼 빛이 난다. 철관음의 맛은 순수하고 달콤하고 싱그럽다. 입에 들어가면 꿀맛 같은 맛을 음미할 수 있으며 향기가 짙고 여운이 오래간다. "일곱 번 우려도 그 향이 남아 있다(七泡有余香)".

다구 준비(備具) : 자사호 다구를 준비하여 우린다.

탕호(燙壺), 세배(洗杯) : 따뜻한 물을 차호에 부어 차호도 덥히고
잔도 덥히고 씻는다.

차를 우리기 전에 우릴 차를 감상하게 하고 차호에 넣는다.

차를 우리기 위해 주전자 물을 차호에 붓고 차호 표면에도 붓는다.

차 감상(賞茶)
차 넣기(直茶)

우리기(沖泡)(위).
차호 표면(淋壺)에
뜨거운 물 붓기

다 예

처음에 우린 찻물은 마시지 않고 차를 씻는다는 의미에서 버린다.

끓는 물을 차호에 붓고 차호 뚜껑을 이용해 거품을 걷어낸다.

차 따르기(出湯)
차 씻기(洗茶)

우리기(沖泡)(위).
거품걷기(刮沫)

차 따르기(出茶)

차 나누기(分湯)

우린 차를 공도배에 따르고, 각 잔에 골고루 나누어 따른다.

차를 손님에게 대접한다.

차 대접(奉茶)

잔을 문향배에 얹고(扣杯) 뒤집는다(飜杯)

문향배로 향을 맡는다(聞香) | 시음하고 차 품평하기(品茗)

철관음 찻물색(茶湯)과 엽저(葉底)

흑차(黑茶) 우리기 (보이차의 예)

윈난(云南)의 우량 품질의 키 큰 차나무(僑木)에서 대엽종의 찻잎(大葉)을 따서 원료로 사용한다. 발효 후 특수가공을 거쳐 차로 만든다. 그런 다음 지하에서 발효를 위해 5년~8년까지 저장하여 "오래 묵은" 맛을 낸다.

외형은 찻잎이 튼실하고 두껍고 검은색에 윤택이 나거나 적갈색을 띤다. 맛이 순정하면서도 달콤하고 독특한 해묵은 향이 난다.

"고보진(古普陳)" 브랜드의 보이차(普洱茶)는 오래 묵을수록 향기와 품질이 더욱 좋아지는 특징이 있어 오랫동안 보관할 수 있다.

보이차의 성질은 온화하며 지방질을 잘 흡수하여 소화를 돕는다. 위를 따뜻하게 하고 갈증을 없애주며 비장에 좋고 숙취에도 좋다. 남녀노소 모두에게 유익한 흔치 않은 순수 자연 건강음료라 할 수 있다.

다구 준비(備具) : 보이차를 우릴 때는 뚜껑이 있는 비교적 큰 자사호를 사용하면 좋다.

다예

온배(溫杯), 세배(洗杯) :
잔을 덥히고 씻는다.

차 넣기(直茶) : 먼저 준비된 차를 쪼
갠다. 쪼갠 차를 차호에 담는다. 찻물이
끓으면 차 조각을 차호에 넣는다(사진
4). 집에서 마실 때는 손으로 차를 넣어
도 된다(사진3).

첫 번째 우리기(第一泡) : 차호에 차를 넣고 끓인 물을 부은 다음 신속하게 그 물을 쏟아버린다. 일반적으로 처음 우린 찻물은 차를 씻는(洗茶)다는 의미에서 마시지 않는다.

　두 번째 우리기(第二泡) : 끓인 물을 차호에 부어 차를 우린 후 곧바로 찻잔에 찻물을 고르게 나누어 따른다.

　세 번째 우리기(第三泡) : 찻물을 따른 때 찻물에 잡 냄새(雜味,잡미)가 없으면 찻물을 잔에 나누어 따른다.

　차 대접(奉茶) : 우린 차를 손님에게 대접할 때에는 뚜껑을 덮어둔다(사진2). 하지만 찻물에서 잡 냄새가 나면 뚜껑을 열어두고 잡 냄새가 사라진 후 잔에 따르면서 공도배를 쥔 손의 촉감으로 차의 온도를 식히며 조절한다.

두 번째 우린 찻물색

오른 쪽부터 둘, 셋, 다섯, 여덟, 열 번째 우린 찻물색과 엽저

보이차는 다른 차의 종류보다 여러 번 우려낼 수 있는 장점
이 있다. 보통 7회 이상 우릴 수 있다. 병차(餠茶, 둥근 떡
모양)의 경우 약 20회 이상 우려낼 수 있다.

보이엽저(普洱葉底)

유리 다기로 차 우리기

유리잔에 우리기(오자선호의 예)

유리잔은 투명하고 형태가 각양각색이어서 녹차와 화차를 우리는 데 적합하다.

유리잔으로 차를 우려내면 찻물색이 윤택하고, 찻잎이 부드럽고 매끄러우며, 찻잎이 찻물 속에서 아래위로 움직이며 천천히 펼쳐지는 과정을 한눈에 모두 볼 수 있는 장점이 있다.

그래서 움직이는 예술을 감상할 수 있을 뿐만 아니라 차를 우리는 과정이 간단하여 사무실에서 많이 애용한다.

다구 준비(備具) : 각종 유명한 우량 품질의 녹차는 유리잔에 우려마시면 더욱 좋다. 오자선호(午子仙毫), 오른쪽 접시.

다 예

차 넣기(直茶) : 차시를 이용해 찻잎을 퍼서 컵에 넣는다.

침윤포(浸潤泡) : 끓인 물 1/4을 붓고 좌우로 돌리며 차를 우린다.

우리기(中泡) : 봉황삼점두(鳳凰三点頭)의 수법으로 차를 우린다.

茶

잘 우려진 차 (最後景象)	엽저(葉底)
	찻물색(湯色)

차를 우리는 데 있어 봉황삼점두 수법을 이용한다면 비로소 높은 경지에 다다랐다고 할 수 있다(91쪽 참조).
　　찻잔 안의 전체 물의 양은 7/10 정도이며 나머지 3/10은 비어놓는다. 중국인들은 이것을 가리켜 '칠분차(七分茶), 삼분정(三分情)'이라 한다. 중국 사람들에게 전해 내려오는 말에 의하면 '주만경인(酒滿敬人), 차만기인(茶滿欺人)'이라 했다. 즉 "술을 따름에 있어 잔에 넘치게 따르면 상대방을 공경한다는 뜻이지만, 차를 가득히 따르면 상대방을 깔본다는 뜻이라고 전한다." 그래서 '천차만주(淺茶滿酒)'라 "차는 부족하게 따르고 술은 가득 부어야한다"라고 한다.

개완으로 우리기 · 1(화차의 예)

개완(盖碗, 뚜껑이 큰 찻잔. 자사호와 비슷한 용도로 사용)으로 우리는 방법은 두 가지로 하나는 직접 우려서 마시는 것을 개완차라 하고, 다른 하나는 뚜껑이 있는 큰 찻잔을 주전자로 사용해 우리는 것으로 공부차(工夫茶)라고 한다.

개완차는 많은 사람이 즐겨 사용하며 중국인 사이에서는 쭝즈(盅子)라고 하는 잔과 위에 덮는 뚜껑, 받침대 등 3가지를 합쳐 "삼포대(三炮臺)"라 칭하기도 한다. 물을 담을 때 주전자의 입구가 크고 굽이 작고 매우 정교하고 아름답다.

개완차를 마실 때 주의해야 할 점은 위의 뚜껑을 치워서도 안 되며 또 위에 떠 있는 찻잎을 입으로 불어서도 안 된다. 뚜껑으로 몇 번 걷어내어서 밀어낸다. 한 번 밀면 달고, 두 번 밀면 향기가 나고, 세 번 밀면 찻물이 말갛게 된다. 매번 밀고 나서 뚜껑을 약간 경사지게 덮고 입으로 빠는 듯이 마신다. 찻잔을 들고 연거푸 삼켜서도 안 되며 입을 찻잔에 대고 소리를 내며 마셔도 안 된다. 한 모금 한 모금 천천히 마셔야 한다.

다구 준비(備具) : 개완차의 재료배합은 차 종류에 따라 다르고 계절에 따라 다르기 때문에 그 종류가 매우 다양하다.

다구를 덥히고(溫具) 씻기(洗具) : 주전자에 끓는 물을 부은 후 뚜껑을 덮고 몇 번 돌리고 나서 다완에 따른다.

차를 꺼낸다(取茶) | 감상한다(賞茶)

차를 넣는다(直茶)

차 넣기(直茶) : 차시를 이용해 차호에 있는 찻잎을 찻잔에 적당히 나눈다.

침윤포(浸潤泡) : 잔에 1/4 정도의 물을 붓는다.
요향(搖香) : 뚜껑을 덥고 3회 정도 서서히 돌린다.

우리기(沖泡) : 봉황삼점두 수법으로 차를 우린다.

<u>품명 자세(品茗姿势)</u> : 차의 향을 맡으며 시음을 한다

<u>최후경상(最后景象)</u> : 잘 우려진 차 감상

다구 준비(備具) : 공부개완차(工夫盖碗茶)에서 사용하는 다구를 보면 개완(盖碗) 한 개, 차해(茶海), 찻잔 세 개, 차반(茶盘), 다지(茶池), 주전자 등이다.

개완으로 차를 우릴 때는 차해를 이용하여 찻물을 따른다. 세 개의 찻잔으로 차를 마실 때, 세 개의 차반에다 골고루 찻잔을 놓는다. 다지는 차반 옆에 두었다가 잔을 씻을 때 사용한다.

차 우릴 때 사용할 물은 주전자에 담아 끓인다.

개완으로 우리기 · 2(오룡차의 예)

본 장에서 개완은 앞에서 피력한 개완차
(蓋碗茶)와는 다르다. 여기에서 설명할 차는
공부차(工夫茶)이다.

"공부차는 차의 꽃"이라고 말한다. 그
만큼 차도 상품이 많다. 그래서 특별하다고
하겠다. 왜냐하면 좋은 차는 우리는 기법이
없으면 좋은 차를 우려낼 수 없기 때문이다.
재미있는 사실은 차를 우려내는 과정에서
차를 우리는 사람과 차를 마시는 사람의 성
격이 침착한지 조급한지도 알아낼 수 있다.

베이징(北京) 쫑씬톈(衆心田) 찻집 제공.
시연자 : 짜이쥐이깡(翟継剛).

다구 준비(備具), 잔 덥히기(溫杯) : 개
완 다완 안의 끓인 물을 거름망을 이
용해 거른 후 찻잔에 따른 다음 남은
찌꺼기는 버린다.

다 예

차 꺼내기(取茶)

차 꾸미기(裝茶)

차 넣기(直茶)

차 넣기 : 차관(茶罐) 안에 찻잎을 차시(차 숟가락)로 적당이 푼다. 그리고 다시 차하 (茶荷)로 나눈다. 차시로 개완(盖碗) 안의 찻잎을 보기 좋게 고르게 한다.

우리기(沖泡) : 주전자를 높게 들어 아래로 기울여 물을 따른다.　　　**거품 걷어내기(刮沫) :** 뚜껑으로 거품을 살살 밀어낸다.

다 예

차 따르기(出茶) ─┬─ 찻물 나누기(分湯) 1
                └─ 찻물 나누기(分湯) 2

문향(聞香) : 개완 뚜껑의 향을 맡는다.   봉차(奉茶) : 공손히 두 손으로 손님에게 차를 대접한다.

다예

악파호(握把壺)로 우리기(홍차의 예)

다구 준비(備具) : 악파호(握把壺)

다구(茶具) 한 세트.

베이징 쭝씬탠 찻집제공.

시연자 양링링(楊玲玲).

차호 덥히기(溫壺), 다구 씻기(洗具) :
끓은 물을 찻잔에 따른다. 차호와 잔
이 따뜻해시면 산에 따랐넌 물을 쏟아버
린다. 다구를 덥히고 씻는 효과가 있다.

차 꺼내기(取茶)

차 품질을 보여준다(賞茶)

차 넣기(直茶)

차 꺼내기(取茶), 차 감상(賞茶), 차 넣기(直茶) 차통에서 찻잎을 차시를 이용하여 손님이 보는데서 꺼내어 차하(茶荷)에 똑같이 나누어 놓고 상품의 차임을 감상하도록 한다. 계속하여 찻잎을 차시로 떠서 차호에 넣는다.

물붓기(注水), 차씻기(洗茶) : 처음에 우린 차는 마시지 않고 차를 씻는다는 의미에서 버린다.

두 번째 우리기(第二泡) : 물을 다시 붓는다(冲水). 차를 따른다(出茶).

찻물
나누기(分湯) 1
───── 차 대접(奉茶)
찻물
나누기(分湯) 2

온호
(溫壺) 1

2 온배
(溫杯)

차호와 잔을 덥히기 위해 부었던 물은 씻는다는 의미에서 버리고 차를 차호에 넣는다.

세배
(洗杯) 3

4 직차
(直茶)

우리기 (沖泡)	차 따르기 (出茶)
차 나누기 (分湯)	찻물색 (湯色)

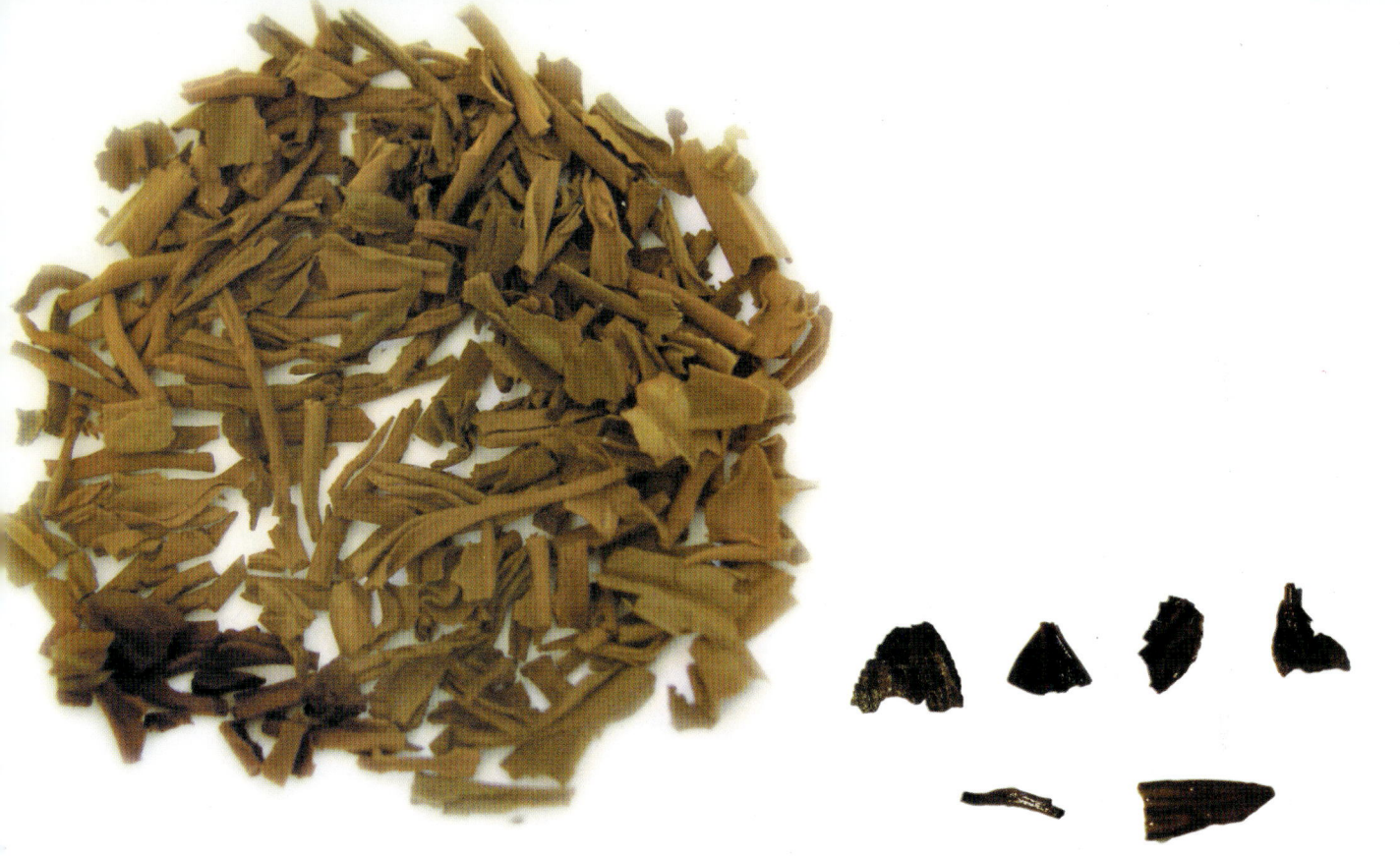

기문홍차(祁門紅茶) 엽저

소호(小壺)로 우리기(오룡차의 예)

베이징 쭝씬랜 찻집 제공.
시연자 양링링.

다구 준비(備具) | 차호 덮히기(溫壺)

차호(溫壺)와 잔 덥히기(溫杯) : 주전자의 끓는 물을 작은 차호나 찻잔에 따른다.
그리고 품명배(品茗杯)와 문향배(聞香杯)를 덥힌 후 그 물은 버린다.

다 예

차 감상(茶賞) : 찻잎을 차하에 담은 후 차를 감상하게 한다. **차 넣기(直茶)** : 차시를 이용해 찻잎을 차호에 넣는다.

첫 번째 우리기(第一泡) : 일반적으로 처음에 우린 차는 차호를 활성화하기 위해 쓰이면서 한편으로 그 물로 차를 씻어낸다.

우리기(沖泡)
거품 걷어내기(刮沫)
차호 씻기(洗壺)

차호 씻기(洗壺) : 차 씻은 물로 차호를 헹구거나 차호 표면에 부우면 차를 우리기에 적합한 상태가 된다.

	차 나누기(分湯)
차 따르기(出茶)	
	차 대접하기(奉茶)

차 따르기 : 차호에 차를 우린 후 공도배(公道杯, 숙우의
용도)에 따른다.

차 나누기 : 공도배에서 향기가 우러나면 문향배(聞香杯)
에 따른다.

차 대접하기 : 문향배와 품명배(品茗杯)를 받침대에
받쳐서 손님에게 대접한다.

구배(扣杯)) | 번배(翻杯)

구배 : 품명배로 문향배를 덮고 오른손으로 품명배의 굽을
　　　 누른다.
번배 : 집게손가락(食指)과 가운데손가락(中指)으로 문향배
　　　 를 잡는다. 손목은 180도가 되게 하고 손바닥은 아
　　　 로 향하여 뒤집는다.

제배(提杯) : 문향배를 들어서 품명배를 한 번 돌린다(아래 왼쪽 사진).

문향(聞香) : 문향배를 코 가까이 대고 두 손바닥으로 위아래로 오가면서 비비며 향을 맡는다(아래 오른쪽 사진).

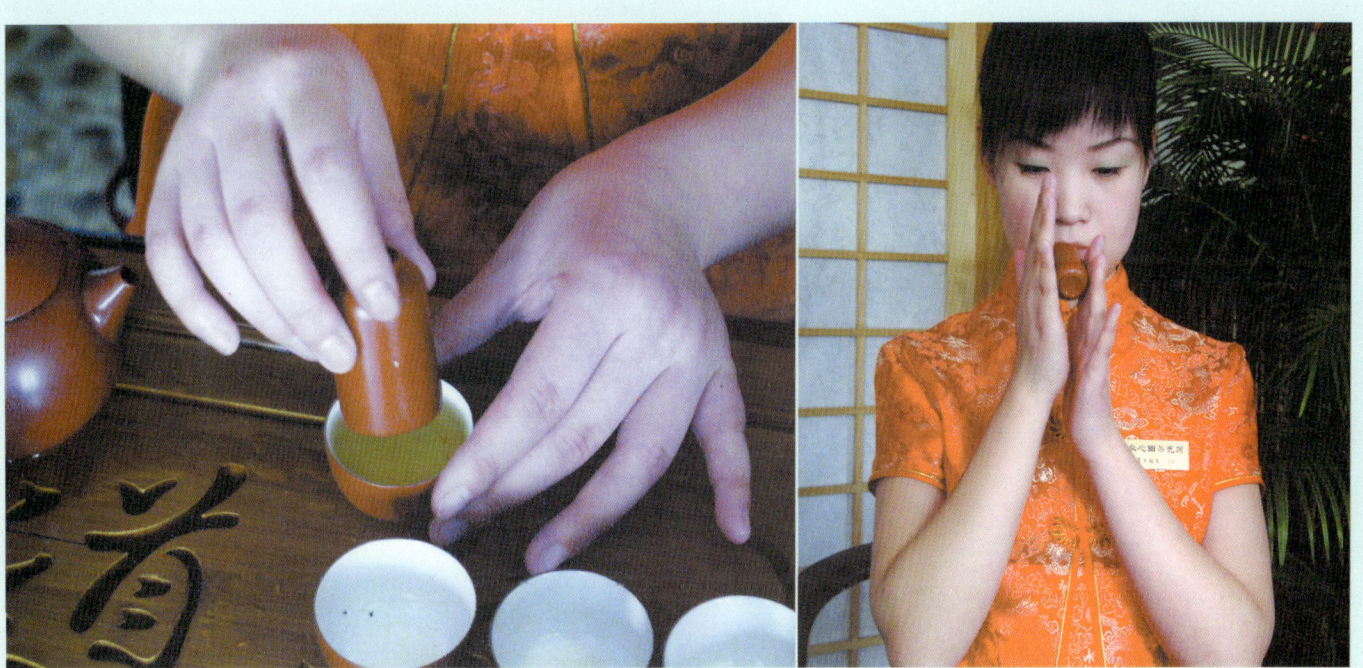

지방의 특색 있는 차 우리기

조주식(潮州式) 차 우리기

가격이 저렴하고 저급인 차를 맛있게 우리는 방법은 한 번에 성공하는 것이다. 차 우리는 과정에서 말을 하지 말아야하며 될수록 간접적인 간섭은 피하면서 정(精), 기(氣), 신(神)의 세 가지가 합일하는 경지에 도달해야 한다. 다구의 선택과 동작, 시간 그리고 찻물의 변화 등 이 모두가 고도의 기술을 필요로 한다.

차호(溫壺)와 공도배 덥히기(溫盅) : 펄펄 끓는 100℃의 물을 준비된 차호에 붓고 공도배에 따른다.

간호(干壺) : 손으로 차호의 손잡이를 잡고 차호의 부리를 아래로 향한다. 그리고 차 수건으로 차호를 잡고 가볍게 친다(오른쪽 사진). 물기가 거의 가셨다 할 때 차호를 살짝 턴다. 차호를 털 때 손목은 자연스럽게 잡아야 한다(왼쪽 사진). 그런 다음 차호의 물기를 깨끗하게 말린다.

차 분량(抓茶)	차 넣기(直茶)
홍차(烘茶)	잔 씻기(洗杯)

차 넣기(直茶) : 손으로 찻잎을 만져서 건조 정도와 홍차 시간이 얼마나 걸렸는가를 가늠할 수 있다. 찻잎을 차호 안에 80% 정도 채운다.

홍차(烘茶) : 먼저 손가락으로 물을 묻혀 차호 부리와 뚜껑의 접합한 곳을 적셔 물을 부을 때 물에 잠기지 않게 한다. 다지(茶池) 안에 차호를 넣고 그런 다음에 물을 붓는다. 물의 높이는 찻잎의 높이를 넘어야 한다.

잔 씻기(洗杯) : 홍차시 공도배 안의 물을 잔에 따른다.

홍차(烘茶) : 불에 굽거나 말리는 것. 여기에서는 온수로 차호를 살짝 굽듯이 하는 것을 뜻한다.

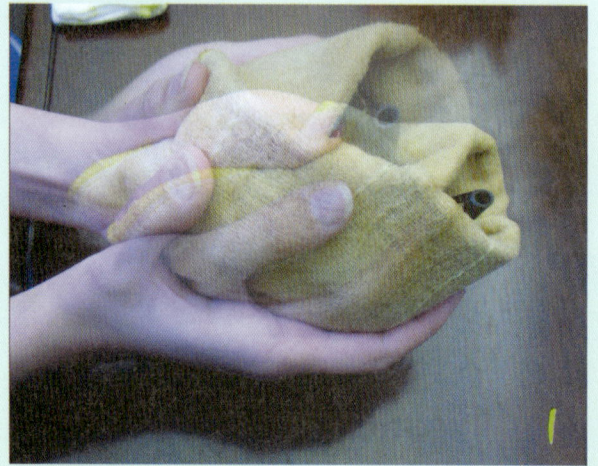

1

2

3

물붓기(沖水) : 홍차 후 다지 위에 놓인 차호를 수건으로 감싸서 아래위로 흔든다(사진1). 그러면 차호 안과 표면 온도가 같게 된다. 그리고 차호를 다지 위에 놓고 끓는 물을 붓는다.

차호 흔들기(搖壺) : 물을 가득 채운 후 차호를 신속히 들어서 탁상 위에 있는 수건으로 공기구멍을 누르고 빠른 속도로 좌우를 흔든다(사진3). 처음에 네 번을 흔들고, 다음 두 번, 그 다음 세 번을 흔들고, 마지막으로 한 번을 더 흔들면 찻물이 고르게 섞인다.

도차(倒茶) : 차호 뚜껑의 기공을 누르면서 '두(抖)', 즉 위아래로 힘차게 털고 공도배에 물을 붓는다. 1차 우린 찻물을 부은 후 차 수건으로 감싸고 힘 있게 '두'를 한다. 그러면 차호 내에 위아래 온도가 같아진다. '두'의 회수와 좌우로 흔드는 회수는 반대로 한다.

첫 번째 우릴 때는 '요(搖)'를 많이 하고 '두'를 적게 한다. 그 다음은 '요'를 적게 하고 '두'를 많이 한다. 해묵은 차는 침수가 제일 안 좋다.

오래 침수되면 차 맛이 쓰면서 시큼하다. 때문에 침수시간을 될수록 짧게 해야 한다. '두'를 할 때 찻물이 차호 안에서 거품이 일지 않도록 조심해야 한다.

분배(分杯) : 공도배 안의 찻물을 품명배에 고르게 붓는다. 조주식(潮州式)은 세 번 우린다. 세 번 우린 찻물을 합한다. 그 때문에 절대 차를 우릴 때 소홀히 하면 안 된다. 세 번 우린 물을 완성한 후 품명배에 찻물을 고르게 부어서 손님들에게 대접한다.

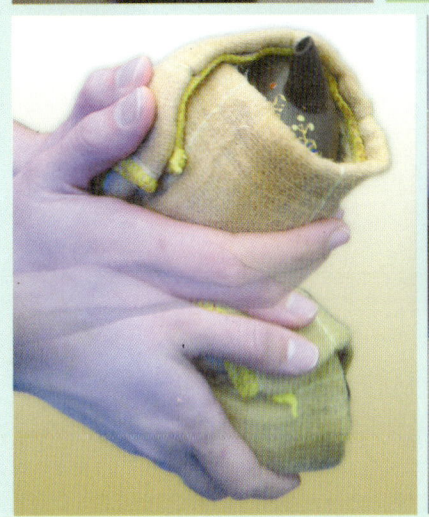

도차(倒茶)	
두차(抖茶)	분배(分杯)

*여기서 '두(抖)'는 턴다, '요(搖)'는 흔든다는 뜻임.

다구 준비(備具) : 차호의 요구는 조주식 (潮州式)으로 우리는 방법과 비슷하다. 안계식 (安溪式)으로 우리는 방법은 홍차(烘茶)가 먼저 이며 문향배를 준비해야 한다.

온호(溫壺) ─┬─ 온배(溫杯)
　　　　　 └─ 간호(干壺)

차호(溫壺)와 잔 덥히기(溫杯) : 따뜻한 차호로 조주식으로 우린다.
간호(干壺) : 동작은 조주식으로 우리기와 같다.

안계식(安溪式) 차 우리기

안계식으로 차를 우리면 향과 단맛이 진하고 순정해 아홉 번 우린다. 그리고 세 번씩 우리는 것을 한 절차로 나눈다. 첫 번째 절차는 향기가 높은가를 가늠하고, 두 번째는 맛이 어떤가를 보고, 세 번째는 색의 변화를 본다. 그 때문에 유구결일(有口訣卜)이다. 1 2 3은 향기가 높고, 4 5 6은 단맛이 증가하고, 7 8 9는 맛이 순정하다.

1. 차 넣기(直茶) : 손으로 직접 찻잎을 쥐고 차의 특성에 따라 차의 양을 가늠한다.

2. 밀봉(密封) : 홍차하기 전에 식지로 물을 묻혀 차호의 입과 뚜껑에 접합한 부분을 적셔 물을 부을 때 물에 잠기지 않게 한다.

3. 홍차(烘茶) : 조주식과 비교할 때 시간이 좀 짧다.

4. 충수(沖水) : 다지 안에 물을 붓고 약 15초 후에 차호에다 물을 붓는다.

차호 씻기(洗壺)

잔 씻기(洗杯) : 찻물이 우려나기를 기다리는 동안 찻잔의 뜨거운 물을 버린다.

도차(倒茶) : 공도배를 이용하지 않고, 직접 문향배에 붓는다. 첫 번째 우려냈을 때는 문향배에 찻물을 가득 붓지 말고 1/3 정도 붓고 손님으로 하여금 음미하게 한다. 두 번째 우려냈을 때도 역시 1/3 정도 붓는다. 세 번째 우려냈을 때는 차향이 점차 약해지기 때문에 문향배에 가득 부어서 음미하게 한다.

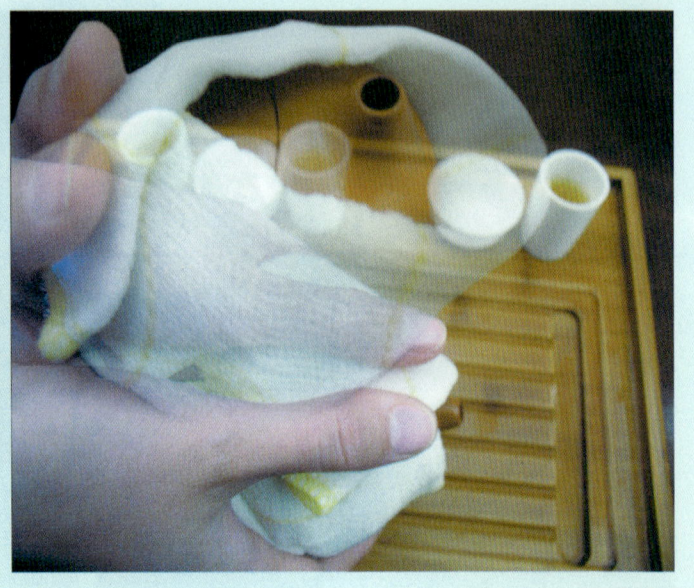

차 대접(奉茶) : 손님 앞에 품명배(品茗杯)와 문향배(聞香杯)를 함께 놓는다. 품명배는 좌측에 놓고 문향배는 우측에 놓는다.

두호(抖壺) : 매번 차를 우리기 전에 차 수건으로 차호를 감싼다. 힘 있게 세 번 '두(抖)'를 한다. 차호를 '두' 할 때는 주전자 내의 온도를 조절하고, 끓는 물을 부었을 때 흔드는 것은 침출물을 떠오르도록 하는 것이다. 이것은 조주식에서 흔드는 것과는 정반대이다. 그 이유는 차의 품질이 다르기 때문이다.

의흥식(宜興式) 차 우리기

　　차를 우리는 이 방법은 각 지방의 방법을 융합(溶合)하여 그것을 널리 전파할 수 있는 합리적이고도 그럴 듯한 연구결과가 나왔다. 그것은 바로 물의 온도를 잘 조절하는 것이다.

　　다구 준비(備具) : 차를 우리는 방법은 안계식과 같지만 문향배가 필요 없다.

다 예

차 감상(賞茶) : 차통에서 찻잎을 직접 꺼내 차하(茶荷)에 담는다(차하는 차시나 차루와 역할은 비슷하지만 더욱 널리 사용된다. 차하로 찻잎을 꺼낼 때에는 차통에 남아있는 찻잎의 양에 따라 차호에 넣을 찻잎의 분량을 결정한다. 찻잎을 차하에 담은 후 팽주는 찻잎을 감별하고 찻물을 우려내는 방법을 결정한다. 손님은 찻잎을 감상할 수도 있고 차향을 맡을 수도 있다).

차호 덥히기(溫壺) : 끓는 물을 차호에 반쯤 따른 후 다시 차호에 있는 물을 품명배에 부어서 잔을 덥힌다.
차 넣기(直茶) : 차하에 있는 찻잎을 차호에 넣는다.

온윤포(溫潤泡) : 차호에 끓는 물을 가득 채우고 뚜껑을 덮은 후 물을 신속히 공도배에 따른다. 이것은 찻잎에 묻어있는 먼지 등 불순물을 없애기 위해서이다.

온배탕잔(溫杯燙盞) : 공도배의 물을 찻잔에 따른 후 버린다. 그러면 찻잔의 온도가 올라가 차를 마실 때 더 좋은 효과를 볼 수 있다.

첫 번째 우리기(第一泡) : 적당한 온도의 물을 차호에 붓는다. 시간을 어떻게 맞추는가에 따라서 차 맛이 결정된다.

간호(干壺) : 차호 굽 부분의 물기를 차 수건에 한 번 닦는다.

도차(倒茶) : 찻물을 공도배에 따른다.

차 나누기(分茶) : 공도배에 있는 찻물을
각각의 찻잔에 70% 정도씩 따른다.

조안식(詔安式) 차 우리기
해묵은 차를 우릴 때는 종이 위에 올려놓고
차를 잘 고르고 잔을 깨끗이 닦는다.

다예

다구 준비(備具) : 먼저 차 수건을 접어서 잘 정리한다. 찻잔은 차탁 옆에 준비해 두는 습관을 들어야하며 차반은 꼭 주전자 옆에 둔다.

정차형(整茶形) : 해묵은 차를 우릴 때는 부수어진 차가 많기 때문에 종이나 차 수건에다 찻잎을 놓고 조금씩 흔들면 자연스럽게 굵은 잎이 위로 올라온다. 이렇게 정리가 되면 손님에게 차를 감상할 수 있게 한다.

차호 덥히기(燙壺) : 차호를 데울 때 차호 입구에 뚜껑도 함께 비스듬히 눕혀서 덥힌다.

량간(涼干) : 차호를 덥힐 때 물은 버리고 뚜껑을 찻잔 위에 놓고 차호에 물기가 다 마른 후 차를 준비한다.

차 넣기(直茶) : 먼저 가는 찻잎 가루(왼쪽 사진)를 넣은 후에 굵은 찻잎을 넣는다(오른쪽 사진). 차호 부리의 거름망(孔, 網)의 막힘을 방지하기 위해서이다.

물 붓기(沖水) : 거품이 차호 입구에 올라올 때까지 물을 붓는다.

잔 씻기(洗杯) : 조안식(詔安式)의 찻잔은 단각배(蛋殼杯, 매우 가볍고 얇은 컵)를 사용한다.

찻잔을 씻을 때 잔을 차반(茶盤) 가운데 가지런히 놓고 잔마다 물을 3분 1정도 붓고 씻을 때는 두 손으로 앞에 두 잔의 물을 신속히 뒤에 있는 두 잔에다 붓는다. 중지로 잔의 굽을 잡고 엄지를 움직여 식지로 평형을 이룬다. 잔으로 이동할 때 동작이 빠르고 민첩해야 한다.

차를 우리는 고도의 기법은 동작으로도 알아낼 수 있다.

조안식은 잔을 닦을 때 찻물의 농도를 가늠한다. 처음 우릴 때는 두 손으로 한 번 닦고, 두 번째는 두 손으로 한 번 돌린다. 세 번째는 한 손으로 순환한다. 팽주가 마실 찻물은 제일 뒤에 놓는다. 잔에 찻물이 넘칠 때는 두 번째 손가락으로 위의 부분을 살짝 닦고 식지와 엄지손가락을 사용하여 물을 조금 버린다.

차 따르기(出茶), 찻물 나누기(分蕩) : 손님에게 차를 대접할 때 서두르지 말고 침착하게 잔의 높낮이를 정확하게 기울여 순서대로 따라야 한다. 보통 세 번씩 따른다. 세 번씩 돌고나면 향기가 모두 우러난다.

茶

최후경상(最後景象)
차를 모두 따른 후 마
지막 한 잔은 팽주 잔
에다 따른다. 찌꺼기가
있을 경우를 대비해서
이다.

지은이 옮긴이 소개

지은이 예위칭촨(叶羽晴川)는 필명이며,
본명은 엽조무(葉朝武)로 중국 후베이(湖北)에서 태어나
어려서부터 차를 접하고 초등학교 다닐 때부터 차밭에 나가
차를 직접 따고 차를 만들었다.
일반 독자들과 청소년을 상대로 강연 및 저술활동을 통해
차 문화 소개 및 보급에 정열을 쏟고 있는 차인이다.

저서로는《차연(茶緣)》,《다경(茶經)》,《다예사전(茶藝辭典)》
《다서집성(茶書集成)》,《중화다서 선집(中華茶書選集 4권)》
《공부차(工夫茶)》한솜미디어(2005년) 발행
《진품 보이차(普洱茶 尋源)》한솜미디어(2006년) 발행
《실전 다예(茶藝)》본서 등이 있다.

옮긴이 장도연는
1952년 중국 흑룡강성 해림 출신으로
오랫동안 차와 접하며 차인으로 살았다.
그래서 관심 깊이 여겼던 본서를
번역하기에 이르렀다.

저서로서는《중국, 중국을 본다》가 있다.